커피 머신
COFFEE MACHINE
119

커피 머신
COFFEE MACHINE
119

문답식으로 정리한 커피 머신의 고장과 수리

윤 홍 구

컬처북스
CULTURE BOOKS

커피를 사랑하며
커피 인생을 가꾸고
커피 머신으로
풍요로운 꿈을 꾸는 분들과
이 책을 함께하고 싶습니다.

책을 펴내며

문답식으로 정리한
커피 머신 가이드 북

"커피 머신이 이상해요!"
"스팀과 온수가 나오지 않아요!"
"커피 맛이 이상해요!"

    바리스타들의 다급한 목소리가 들려옵니다.
동네마다 크고 작은 카페들이 넘치고, 독특한 분위기와 개성을 갖춘 카페들이 등장하면서 다양한 카페 문화가 생기고 있습니다. 그런데 커피 머신이 종종 말썽을 피우기도 합니다. 갑자기 위기가 닥칩니다. 머신이 켜지지 않고, 여기저기에서 조금씩 물이 샙니다. 스팀과 온수가 제대로 나오지 않거나, 커피 맛이 이상한 경우도 있습니다. 당혹한 바리스타는 커피 머신을 바라보기만 할 뿐 뾰족한 대책이 없습니다. 빨리 커피 머신 엔지니어에게 도움을 요청해야 합니다. 당장 카페 영업에 불편과 손실이 따르게 됩니다.

    이 책은 이러한 카페 사업주와 바리스타들을 위해 쓰여졌습니다. 카페의 기본 장비이자 핵심 장비는 커피 머신입니다. 커피 머신을 어떻게 다루고, 관리하느냐에 따라 제조되는 커피의 맛이 달라진다는 사실이 알려지면서 바리스타들의 기술적 관심도가 점점 높아져 가는 추세입니다. 높은 가격의 커피 머신이 최고의 커피 맛을 보장하는 것은 아닙니다. 카페 규모에 맞는 중저가 수준의 커피 머신으로도 효율적으로 머신의 기술적 노하우를 살려 품질 좋은 커피를 만들어 내는 것이 가장 중요합니다. 이런 의미에서 커피 머신을 다루는 기술적 접근은 필수적인 것일지도 모릅니다.

커피 머신도 소모성 장비이다 보니, 고장이 날 수밖에 없고, 고장이 나면 카페 영업에 손실을 가져 오게 됩니다. 이런 손실을 줄이려면 커피 머신을 이해하고 잘 관리해야 하며, 기본적인 고장은 운영자가 신속하게 처리할 수 있어야 영업적 피해를 줄일 수 있습니다.

이 책은 카페 현장에서 주로 부딪히게 되는 커피 머신의 고장 증상과 처리 방법, 일상 점검과 관리 등을 문답식으로 정리해 소개하고 있습니다. 이 책은 크게 두 부분으로 나뉘어져 있습니다. 전반부에는 커피 머신을 이해하기 위해 꼭 필요한 주요 부품들을 간단하게 소개합니다. 후반부는 커피 머신의 주요 부분별 고장 증세와 수리 방법을 소개합니다. 책 끝에는 커피에 관한 기본 상식을 정리해 수록했습니다. 커피 머신에 대한 이해가 부족하거나 기술적 노하우가 부족한 분들까지도 이 책의 정보를 잘 활용하면, 커피 머신이 고장 났을 때 응급조치를 할 수 있고, 간단한 부품 등을 교체할 수 있게 됩니다. 이 책은 커피 머신의 역사와 종류 등 커피 머신에 대한 일반 사항들을 상세하게 소개하지는 않았습니다. 주로 카페 현장에 꼭 필요한 주요 사항들을 간단하게 소개하고, 커피 머신의 고장과 수리에 집중했습니다. 이 책은 커피 머신 교육과 현장 수리 경험을 통해 축적된 사례들, 카페 사업주나 바리스타들이 궁금해 하는 점들을 문답식으로 정리한 커피 머신 가이드 북에 가깝습니다.

커피 머신은 여러 분야의 기술이 집적된 기계 장비입니다. 기계, 전자, 전기, 화학 등의 기술이 요구되는 장비입니다. 필자는 1980년 기술인으로 사회에 첫발을 딛고 엔지니어로서의 외길 인생을 걸어왔습니다. 커피 머신을 비롯해 가전제품, 사무기기, 오디오 음향기기, 정수 장비 등 다양한 분야에서 엔지니어이며 사업가로 일해 왔습니다. 긴 여정 중에 그윽한 커피 향을 맡으며 커피 머신과 함께한 시간들은 정말 행복했습니다. 커피 머신은 다른 장비들과는 다릅니다. 커피 머신에는 문화가 있고, 무엇보다 사람이 있습니다. 그간 커피 머신 교육과 바리스타 교육을 통해 많은 분들을 만났고, 그분들 중에서도 후배이자 제자로 커피 머신 엔지니어로 일하고, 카페를 창업한 분들도 많습니다. 앞으로도 커피 머신 교육을 통해서 많은 분들을 만나게 될 것입니다. 이 책을 이용하는 독자들 또한 소중한 인연이 될 것입니다. 책을 발간하며 부족하고 아쉬운 점이 많으나 아무쪼록 이 책이 카페를 운영하는 사업주와 바리스타들에게 작은 도움이라도 되었으면 하는 바람을 가져 봅니다.

이 책을 쓰기까지 많은 이들의 도움을 받았습니다. 우선, 그간 커피 머신 교육과 바리스타 교육을 통해 만났던 많은 분들에게 감사드립니다. 그분들의 관심과 열정이 이 책을 쓰는 계기가 되었습니다. 이 책의 기획과 집필에 함께한 컬처북스 오창준 대표와 편집디자인을 한 윤지영 디자이너, 부록으로 수록한 커피 상식 원고를 함께해 준 임종호·조정민 씨에게 고마움을 전합니다. 끝으로 저의 소중한 팀원들, 엔지니어 외길 인생을 믿고 후원해 준 가족들에게 그간의 미안함과 고마움을 함께 전합니다.

2017년 봄,
꽃향기와 커피 향이 넘실대는 헤이리 예술인 마을에서

윤홍구

차례

저자 서문

I. 도전! 커피 머신
알고 가자! 주요 부품

보일러 _20   열교환기 _23   전기 히터 _24
수위 감지봉 _26   스팀 압력 스위치 _27   솔레노이드 밸브 _28
릴리프 밸브 _30   과열 방지 스위치 _31   진공 방지 밸브 _32
플로 미터 _33   과수압 방지 밸브 _34   스팀 뭉치 _35
온수 공급 밸브 _36   포터 필터 _37   그룹 헤드 _38

II. 커피 머신 Q&A
고장 증세와 수리 방법

1 • 커피 머신 일반
커피 머신, 어떻게 선택해야 할까요? _44
1그룹 소형 머신으로 창업이 가능할까요? _46
중고 커피 머신도 괜찮을까요? _48
중고 커피 머신, 잘 사는 방법을 알려 주세요. _50
카페에서 '다 알아서 해 주는' 전자동 머신을 사용해도 될까요? _52
커피 머신을 직접 설치하려고 합니다. 순서와 주의할 점을 알려 주세요. _54
커피 머신 전원선이 5가닥(3상)인데, 연결법을 알려 주세요. _56
가정에서 업소용 머신을 사용해도 괜찮을까요? _57
한겨울에 커피 머신의 동파를 방지하는 방법을 알고 싶어요. _58
푸드 트럭에 적당한 커피 머신을 추천해 주세요. _59
커피 머신은 24시간 켜 두어야 하나요? _60
커피 머신의 절전 방법을 알고 싶습니다. _62
커피 머신도 접지를 해야 하나요? _63
커피 머신·세척제의 종류와 사용 방법을 알고 싶어요. _64

커피 머신을 수도가 없는 곳에서도 사용할 수 있나요? _65

2 • 커피 추출
커피 추출 버튼을 눌러도 커피가 추출되지 않아요. _68
커피를 추출할 때 한쪽 그룹 추출량이 전혀 다르게 추출됩니다. _70
에스프레소 투 샷 추출 시 한쪽 잔에서 나오는 양이 차이가 납니다. _72
커피 추출 속도가 느립니다. _73
추출 버튼에 컵이 여러 개 있습니다. 기능이 어떻게 다른가요? _74
추출 버튼을 누르면 딸깍 하고 꺼졌다가 다시 켜집니다. 고장인가요? _75
세팅한 시간이 지났는데도, 커피가 계속 추출됩니다. _76
커피 추출 버튼을 눌렀는데, 커피 추출수가 사방으로 분사됩니다. _77
커피를 추출하거나 물이 머신으로 들어갈 때 모터에서 굉음 소리가 납니다. _78
커피 추출 버튼을 눌렀는데, 포터 필터 윗부분에서 물이 새어 나옵니다. _80
커피 추출 세팅의 원리를 알고 싶어요. _81
커피 추출의 굵기와 시간은 어느 정도가 좋을까요? _82
커피 추출 시간에 따른 커피 맛의 차이를 알고 싶어요. _83
아메리카노 바닥에 커피 가루가 남아요. _84
열수 흘리기는 왜 해야 하는가요? _85
포터 필터를 그룹 헤드에 끼울 때 힘은 어느 정도 가해야 할까요? _86
그룹 헤드 속의 고무 개스킷의 교체 시기와 방법을 알려 주세요. _87
샤워 스크린을 분해하려는데, 볼트가 빠지지 않아요. _88
그룹 헤드와 샤워 스크린 청소는 어떻게 해야 하나요? _89
포터 필터 청소는 어떻게 해야 하나요? _90
블라인더 필터를 이용해 청소하는 방법을 알려 주세요. _91
그룹 헤드 청소용 샤워기를 만드는 법을 알려 주세요. _92
포터 필터에 끼운 바스켓이 헐겁게 빠집니다. _93

3 • 물 · 스팀
정수기 연결 피팅에서 물이 새는데, 어떻게 교체해야 하나요? _96
온수에서 소독약 냄새가 납니다. _97
에버퓨어 필터는 어떻게 교체하나요? _98
정수 필터의 교체 주기를 알려 주세요. _99
하우징 필터는 어떻게 교체하나요? _100
정수기 필터에서 까만 가루가 심하게 나와요. _101
스팀과 온수가 제대로 나오지 않아요. _102

스팀의 온도는 어느 정도일까요? _104
온수를 수동 레버 방식으로 추출하고 있는데, 온수가 나오지 않아요. _105
커피 머신의 온수를 이용하면 몸에 해로운가요? _106
핫 워터 디스펜서를 꼭 사용해야 하나요? _107
커피 추출수와 보일러 온수가 같은 것인지요? _108
열교환기 물을 깨끗하게 관리하는 방법을 알려 주세요. _109
물을 사용하지 않을 때도 수압이 6bar 이상이 나와요. _110
낮에는 별일 없다가 심야 시간에만 커피 머신에서 물이 샙니다. _111
온수를 틀면 스팀이 같이 나와요. _112
릴리프 밸브에서 스팀과 물이 새어 나옵니다. _113
전자식 온수 코크에서 물이 나오지 않아요. _114
커피 머신 아래쪽에서 물이 새어 나옵니다. _115
전기 히터 부위에서 물이 새어 나옵니다. _116
스팀 파이프 윗부분에서 물이 새어 나옵니다. _117
보일러에서 물이 넘치고, 스팀 밸브에서도 물이 계속 나와요. _118
추출 버튼을 누르지 않았는데, 그룹 헤드에서 물이 떨어집니다. _119
보일러 주위 배관에서 물이 조금씩 새고 있어요. _120
수위 감지봉 주변에서 물이 조금씩 새고 있어요. _121
수압 게이지와 스팀 게이지에서 물이 새고 있어요. _122
유량계에서 물이 새고 있어요. _123
수위 감지봉은 어떻게 청소하나요? _124
역류 방지 밸브는 어떤 역할을 하나요? _125
추출 압력이 높거나 낮을 때는 수압을 어떻게 조정해야 하나요? _126
스팀 압이 높거나 낮을 때는 어떻게 조절하나요? _127
커피 머신 내부에서 '뻥!' 하는 폭발음이 가끔씩 납니다. _128
압력 게이지의 눈금이 이상해요. _129

4 • 전기

머신의 전원 버튼을 누르면 차단기가 내려갑니다. _132
커피 머신을 만지면 찌릿찌릿 전기가 와요. _134
낡은 전원선은 어떻게 교체하나요? _135
전원 스위치의 '1, 0, 2'라는 숫자는 무슨 뜻인가요? _136
커피 머신의 전원이 들어오지 않아요. _137
전원 퓨즈는 어떻게 교체하나요? _138
전원이 불안정하게 ON/OFF가 반복됩니다. _139

메인 스위치의 불량을 확인할 수 있을까요? _140
커피 머신의 전원을 꽂은 플러그에서 연기가 났어요. _141
전원이 안 들어오고 과열 방지 스위치가 OFF 상태입니다. _142
보일러를 가열하는 시간이 너무 오래 걸려요. _143
솔레노이드의 원리를 간단하게 알고 싶어요. _144
모터가 기동하지 않습니다. _145

5 · 제빙기 · 그라인더

제빙기를 정기적으로 청소해야 하나요? _148
겨울철에는 제빙기의 얼음 제조량을 조절하고 싶어요. _150
에스프레소를 추출할 때 그라인더의 입자 조절은 어느 숫자에 맞추나요? _152
그라인더의 원리를 알고 싶어요. _153
그라인더 칼날이 무뎌지면 어떻게 교체해야 하나요? _154
그라인더 전원이 전혀 들어오지 않아요. _156
그라인더의 모터가 돌다가 멈추거나 스타트 회전이 되지 않습니다. _157

부록 커피 상식

커피 관련 용어 _160
창업 시 원두 선택 요령 _166

01
도전! 커피 머신

커피 머신은 카페의 기본적이고 중요한 장비입니다. 커피 머신은 적당한 온도와 압력으로 커피를 추출하는 장비인데, 바리스타가 이 온도와 압력을 어떻게 이용하느냐에 따라 커피의 향과 맛에 영향을 미칠 수 있습니다. 물론 가장 결정적인 요소는 신선하고 향이 풍부한 커피콩이겠지만, 같은 커피콩도 커피 머신과 바리스타의 역량에 따라서 맛과 향이 분명 차이가 나기 때문입니다.

커피 머신은 구조와 작동 원리가 비슷합니다. 기능과 디자인, 가격에 따라서 차이가 나겠지만, 이 책의 주요 부품들을 공부하면, 다른 머신들도 어렵지 않게 이해할 수 있을 겁니다. 자가 정비와 응급 처치가 가능한 정도까지 주요 부품들을 분해하고, 그 역순으로 조립하면서 커피 머신의 구조와 작동 원리를 공부해 봅니다.

알고 가자! 주요 부품

카페에서는 다양한 커피 머신들이 사용되고 있습니다. 그중에서 시모넬리는 우리나라에 가장 많이 보급된 기종으로 사용하기 편리하며, 분해와 조립이 다른 머신에 비해 쉬워서 카페나 학원에서 많이 사용되고 있습니다. 자! 이제 시모넬리의 주요 부품들을 중심으로, 커피 머신에 도전을 해 봅니다. 커피 머신의 주요 부품들을 살펴보면서, 커피 머신의 구조와 작동 원리를 공부해 봅니다.

분해를 시작하기 전에 반드시 확인해야 할 사항들이 있습니다. 우선 전원을 점검합니다. 전원이 들어온 상태에서 머신을 분해하면 안전사고의 위험이 있습니다. 전원 차단기를 완전히 내리고 머신을 정비해야 합니다. 다음은 수돗물의 원수를 잠가야 합니다. 원수가 공급되고 있다면 머신을 분해할 때 물이 분출될 수 있으므로 반드시 물을 잠그고 점검을 해야 합니다.

공구 준비하기

스패너, 주먹 드라이버, 롱드라이버, 시계 드라이버, 니퍼, 롱노우즈 플라이어, 몽키 스패너, 육각 렌치, 플라이어 정도를 준비하면 됩니다.

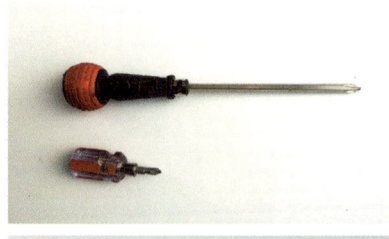
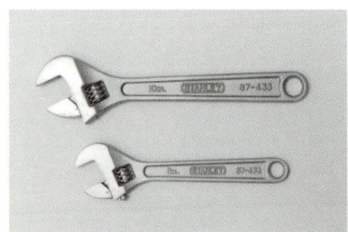
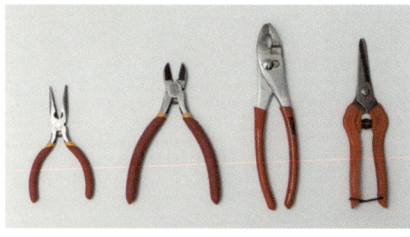

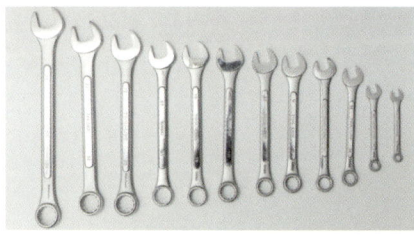

- ■■　드라이버　몽키스패너
- ■■　롱노우즈, 니퍼, 플라이어, 가위　육각 렌치
- ■　스패너

> 커피 머신의
> 외장 분해하기

분해는 다음과 같은 순서로 해 봅니다.

상부 케이스 열기_상부 케이스를 들어내고 나면 측면 뒷면 케이스의 조임 볼트를 확인할 수 있습니다.
측면 케이스 열기_측면 케이스에 해당되는 볼트를 빼고 측면 케이스를 엽니다.
후면 케이스 열기_후면 케이스의 해당 볼트를 열고 후면 케이스를 뺍니다.
앞면 판넬 열기_앞면 판넬의 볼트를 제거하고 판넬을 제거합니다. 외부를 감싸고 있는 케이스와 판넬을 제거하면, 머신의 전체적인 모습을 충분히 볼 수 있게 됩니다.

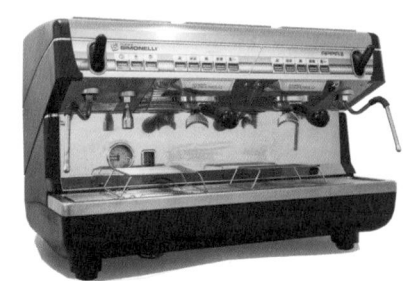

시모넬리 아피아 II
2그룹 커피 머신

1-3　　상부 케이스 열기
4-7　　측면 케이스 열기
8-9　　후면 케이스 열기
10-12　트레이 열기
13-14　앞면 판넬 열기

1 보일러(Boiler)

커피 머신의 외장을 열면 제일 먼저 눈에 들어오는 게 크고 길쭉한 원통형 보일러입니다. 보일러가 머신 내부를 많이 차지하고 있고, 보일러를 중심으로 여러 종류의 배관들과 부품들이 얽혀 있는 것이 보입니다. 보일러는 왠지 친숙하게 느껴집니다. 생김새도 부담스럽지 않고, 용어 자체도 낯설지 않습니다. 가정에서 난방과 온수에 사용되는 것이 바로 보일러이지요! 수돗물을 보일러와 연결해 물을 데우고, 이 뜨거운 물이 방바닥을 순환하면서 방을 따뜻하게 해 주고, 뜨거운 물(온수)을 공급해 줍니다. 커피 머신의 보일러 원리도 비슷합니다. 커피 머신의 보일러는 전기 히터를 사용해 물을 끓여 온수와 스팀을 만들며, 커피 추출에 필요한 온도와 압력을 만드는 점에서 조금 다를 뿐입니다. 커피 머신 보일러는 커피 추출수와 온수, 스팀을 만들며, 일정한 온도와 압력을 유지하는 것이 중요합니다. 커피 머신 보일러는 스팀과 온수를 만드는 스팀 온수 보일러와 커피 추출 시 필요한 물을 공급하는 커피 추출 보일러(열교환기)로 구분할 수 있습니다.

3그룹 보일러.
보일러 위에 열교환기
3개가 보입니다.

보일러를 살펴봅니다! 일체형 보일러의 경우, 육안으로는 볼 수 없지만, 보일러 안에는 위아래로 관통하는 관이 2개가 있습니다. 관 위아래는 다시 배관들이 연결되어 있습니다. 우선, 이 원통형 보일러 속에 물을 70% 정도 채우게 된다는 사실부터 기억합니다. 나머지 30%는 비어 있는 공간입니다. 아래에 있는 70%의 물이 데워져서 끓게 되면, 30%의 빈 공간은 스팀 압력으로 채워지게 됩니다. 뜨거운 물이 있는 아래 70% 공간에 온수 밸브를 연결해서 온수를 쓰며, 위 30%의 공간에 스팀 배관을 연결해 스팀을 사용합니다. 보일러 안에서 사용되는 스팀의 압력은 보통 1~1.5바(bar)이고, 보일러 내부의 사용 온도는 120°C 정도입니다.

일반적으로 온수와 스팀, 커피 추출을 하는 하나로 통합한 단일형 보일러이며, 일반적으로 가장 많이 이용되는 방식입니다.

니켈이나 크롬 등으로
도금한 보일러는 동(銅) 보일러에 비해
수축성은 떨어지나 부식에는 강한 편입니다.

라마르조꼬(La Marzocco)와 시네소(Synesso)와 같은 하이엔드 급의 머신은 온수와 스팀 보일러와 커피 추출 보일러가 별도로 구분되어 열 보정 효과가 좋은 것이 장점입니다. 대형 카페에서 단일형 보일러를 사용할 때 스팀과 온수 보일러를 연속적으로 과하게 사용하게 되면 커피 추출수의 온도가 떨어지게 되며, 결국 커피 맛에 영향을 줄 수 있기 때문입니다. 커피 추출은 그룹 헤드의 온도와 밀접한 관계를 갖습니다. 커피 추출용으로 별도의 보일러를 운영하면, 스팀과 온수를 과다 사용하게 되더라도 영향을 받지 않게 됩니다. 더구나 커피 추출 보일러를 독립적으로 확보하면 용량도 단일형보다 크게 확보할 수 있고, 온도 편차를 줄일 수 있어서 커피 맛도 일정하게 유지할 수 있기 때문입니다. 보통 온수, 스팀 보일러가 커피 추출 보일러보다 용량이 더 크며, 커피 추출 보일러 뒤쪽에 위치하고 있습니다.

> **TIP** 압력 1bar는 어느 정도일까요?
>
> 압력이란 단위 면적당 작용하는 힘입니다. 1bar는 가로 1cm, 세로 1cm인 면적에 1kg이 작용하는 정도의 힘을 말합니다. (1bar=1.019716kg/㎠)

> **TIP** 보일러는 무슨 금속으로 만들까요?
>
> 가장 많이 사용되는 것이 동(銅)입니다. 동은 철에 비해 무른 금속이어서 원통형으로 만들기가 비교적 쉬우며, 열전도율도 높고, 온도 유지력도 좋습니다. 그러나 온도 변화에 따라 수축, 팽창하면서 부품의 수명이 짧아지기도 하고, 부식에 약한 편이어서 수명이 짧아질 수도 있습니다. 동 보일러 이외에도 스테인리스 스틸, 니켈크롬 도금으로 만든 보일러도 있습니다. 동 보일러의 장점을 살리고, 단점을 보강하기 위해 표면을 도금해 사용하면, 부식에 강하고, 위생적이며, 오래 사용할 수 있지만, 가격이 비쌉니다.

2 열교환기(Heat Exchanger)

열교환기는 말 그대로 열을 교환할 수 있는, 열을 주고받을 수 있는 장치를 말합니다. 보일러 안의 물속에 잠겨 있고, 수도와 연결되어 찬물을 공급받고 있습니다. 열교환기의 뜨거운 물은 그룹 헤드로 연결되어 커피 추출에 사용됩니다. 단일형 보일러에서 열교환기의 물이 커피 추출에 사용되기 때문에 커피 보일러라고 부르기도 합니다. 커피 추출은 보일러 안에 있는 물이 아니라, 열교환기 안에 있는 물로 추출하고, 보일러 안의 데워진 물은 온수나 스팀으로 사용됩니다.

열교환기에는 관통형과 침출형(내장형)이 있습니다. 관통형은 말 그대로 보일러를 위아래로 관통하는 방식으로, 그룹 헤드에 상부 배관과 하부 배관이 연결되어 있습니다. 용량은 300~600ml 정도입니다. 침출식은 보일러에 열교환기를 담그는(부착하는) 방식입니다. 그룹 헤드와 열교환기가 직접 부착되어 있고, 관통형에 비해서 용량이 100~300ml 정도로 적습니다.

동으로 제작한 보일러 내부.
보일러 내부를 위아래로
관통하는 열교환기 2개가 보입니다.

3 전기 히터(Heating Coil)

전기 히터는 보일러 내부의 물을 데우는 역할을 합니다. 보일러 물속에 잠겨 있는 전기 히터에 열이 가해지면, 보일러의 찬물을 데우게 되고, 보일러를 관통하고 있는 열교환기가 뜨거워지면서, 열교환기 안에 있는 찬물이 데워지게 됩니다. 이렇게 데워진 뜨거운 물이 커피 추출에 사용됩니다. 커피 추출에 사용되는 물은 직접 가열 방식이 아닌, 간접 가열 방식, 즉 중탕 방식으로 데워집니다. 전기 히터는 대개 1~6KW 용량을 많이 사용하며, 2그룹 이상이면 주로 3~6KW짜리를 사용합니다. 이 전기 히터는 주로 동(銅)으로 제작되며, 물속에서 발열을 하는 수식 히터입니다. 보일러 안의 물속에서 전기 히터를 오래 사용하면 스케일이 발생하게 됩니다. 스케일이 끼면 발열에 지장이 있고, 발열에 문제가 생기면 온도를 올리거나 유지하는 데 문제가 생기고, 결국은 커피 맛에까지 영향을 줄 수 있습니다. 따라서 전기 히터를 점검해 스케일을 제거해 주어야 합니다. 보통 보일러 내부의 스케일을 2~3년에 한 번씩 주기적으로 제거하는 게 좋은데, 이때 전기 히터 스케일도 함께 제거해 주면 됩니다.

전기 히터의 용량은 보일러의 크기에 따라 결정됩니다. 즉 보일러 용량이 클수록 전기 히터 용량도 커져야 합니다. 히터의 개수가 많을수록, 히터의 길이가 길수록 발열량이 커지게 됩니다. 커피 머신에 사용되는 전력 중 전기 히터가 차지하는 비중은 80% 정도입니다.

> **TIP**
> 열교환기를 데우는 중탕(重湯) 방식은 달걀찜을 생각하면 쉽습니다.
> 달걀찜을 할 때 불로 직접 그릇을 가열하지(직화) 않고, 끓는 물속에 담은 그릇에 넣어서 달걀을 익히는데, 이런 방식을 중탕이라 합니다. 열교환기의 물도 보일러의 뜨거운 물로 데워지는 중탕 방식입니다.

그만큼 전기 소모량이 많아서, 세심하게 관리를 해야 합니다. 전기 히터 1개는 보통 1.5KW이고, 3개(3열)를 사용하면 총 4.5KW가 됩니다. 가정용 전기다리미가 보통 500W인데, 이 기준이라면 다리미 9개를 한꺼번에 사용하는 전기량인 셈입니다. 가정용 헤어드라이어는 1.0KW 안팎인데, 4~5개의 헤어드라이어를 한 번에 작동하는 전기량과 비슷한 셈입니다. 물론, 커피머신의 전기 히터가 상시 작동하는 것은 아닙니다. 압력이 일정한 부분까지 올라가면 히터가 동작을 멈추게 됩니다. 다시 압력이 떨어지면 히터가 가동됩니다. 이렇게 보일러의 전기 히터는 ON/OFF를 반복합니다

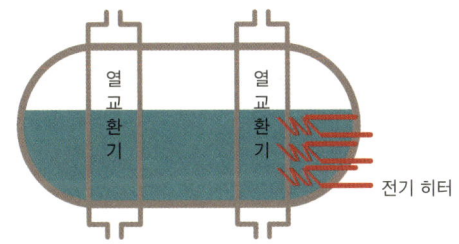

보일러에는 용량에 따라 1개~3개의 전기 히터가 사용됩니다. 히터의 길이에 따라서도 전력 소비가 다릅니다.

전기 히터

4 수위 감지봉

　보일러의 수위(물높이)를 감지하는 부품입니다. 보일러의 70%는 항상 물로 채워져 있어야 합니다. 그런데 온수와 스팀을 사용하면 이 수위가 낮아지게 됩니다. 수위가 낮아지면 수위 감지봉이 이를 감지해서, 가압 펌프와 2 way 솔레노이드에 물을 채우라는 신호를 보내게 됩니다. 물이 채워지면, 역시 수위 감지봉이 이를 감지해 가압 펌프와 2 way 솔레노이드에 물을 차단하라는 신호를 보내게 됩니다.

　수위 감지봉은 보일러 상부 또는 측면에 설치됩니다. 어느 경우이든, 수위 감지봉의 맨 끝(아래)은 전기 히터보다 위에 위치하도록 해야 합니다. 전기 히터보다 아래에 위치하면, 전기 히터가 물속에 잠기지 않게 되고, 전기 히터가 과열되게 됩니다. 보일러 상부에 부착된 수위 감지봉은 위로 올려 주면 수위가 높아지고, 내리면 수위가 낮아지게 됩니다. 수위 감지봉에 스케일이 끼어 있으면, 감지 기능이 제대로 되지 않습니다.

　수위 감지봉은 손으로 쉽게 빼낼 수 있습니다. 스케일 여부를 가끔 확인하는 게 좋습니다. 머신에 수위 표시계가 있으면, 수위를 눈으로 확인할 수 있습니다. 보일러의 수위는 중요합니다. 수위 표시기를 항상 확인하는 습관을 가지는 게 좋습니다.

상단 부착식 수위 감지봉

측면 부착식 수위 감지봉

5 스팀 압력 스위치(pressure switch)

 보일러 스팀 압을 항상 설정된 기준 값으로 일정하게 유지해 주는 장치입니다. 이 스팀 압력 스위치에서 설정한 압력이 스팀 압력과 추출 압력을 결정하게 됩니다. 보통 스팀 게이지로 볼 때 1bar 정도의 압력으로 설정하며, 분리형 보일러는 1.5bar 정도까지 설정하는 머신도 있습니다.

 압력 스위치는 기계식 구조이며, 보일러 내부의 압력이 설정치보다 크면 스위치의 접점이 떨어지면서 전기 히터의 작동이 중단됩니다. 스팀을 사용해 압력이 떨어지거나 보일러 내부에서 발생한 압력이 설정한 값 아래로 떨어지면, 스위치의 접점이 다시 붙으면서 전기 히터가 작동되고 설정된 압력에 도달할 때까지 스팀 압을 올려 주게 됩니다. 압력 스위치 내부에 압력을 수동으로 조절할 수 있는 나사가 있습니다. 일자 드라이버를 사용해 시계 반대 방향으로 돌리면 압력을 높일 수 있고, 시계 방향으로 돌리면 압력을 낮출 수 있습니다.

 압력 스위치는 커피 머신의 중요 부품 중에 하나입니다. 압력 스위치 접점에 이물질이 끼면 전기가 공급되지 않아서 전기 히터가 가열되지 않습니다. 압력 조절 나사를 돌려도 압력이 조절되지 않으면, 압력 스위치를 교체해야 합니다.

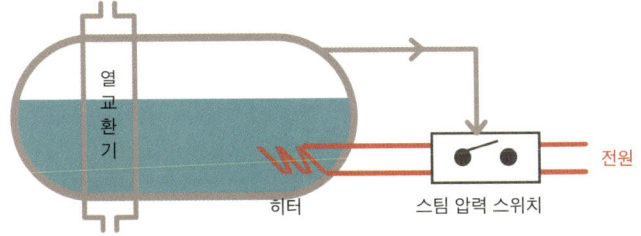

압력 스위치는 스팀 압이 압력 스위치에 가해지는 스팀 압력에 의해 히터의 전원을 차단합니다.

6 솔레노이드(Solenoid Valve) 밸브

커피 머신에서 물을 통과시키거나 차단시키는 데 사용되는 장치입니다. 솔레노이드는 코일이 감겨 있는 몸체와 몸체 안에 철심처럼 생긴 플런지(유동추), 스프링 등으로 구성되어 있습니다. 코일에 전기를 가하면 자력의 힘으로 솔레노이드 내부에 있는 플런지를 끌어 올려 물길을 열어 물을 통과시키고, 솔레노이드 코일에 전기가 차단되면 플런지가 스프링 힘에 의하여 자동적으로 떨어지게 되며 스프링의 힘으로 물을 막아 물길을 차단하게 됩니다.

커피 머신에는 여러 곳에 솔레노이드 밸브가 사용됩니다. 보일러에 있는 온수를 빼낼 때도 솔레노이드 밸브가 사용됩니다. 온수 버튼을 누르면, 솔레노이드 코일에 전기가 공급되고, 전자석의 힘으로 플런지가 올라가면서(당겨지면서) 막혔던 물이 열려 온수가 나오게 됩니다. 반대로 온수 추출이 끝나면 전기가 차단되면서 플런지가 내려오면서 밸브가 닫히고 온수를 차단하게 됩니다. 이렇게 양 방향으로 작동하는 솔레노이드를 2 way 솔레노이드라고 합니다.

보일러에 물을 공급하고 차단할 때도 솔레노이드 밸브가 사용됩니다. 보일러에 물이 부족하면 솔레노이드 코일에 전원이 공급되면서 물길이 열리게 되고, 보일러에 물이 공급됩니다. 보일러에 물이 차면, 솔레노이드에 전원이 차단되면서 물길을 막아 다시 물이 차단됩니다.

커피를 추출할 때도 솔레노이드 밸브가 사용됩니다. 추출용 솔레노이드는 그룹 헤드 부분에 부착되어 있는데, 추출 버튼을 눌러 커피를 추출하고 난 후 그룹 헤드와 추출 배관에 남아 있는 커피 찌꺼기를 배출하는 역할까지 합니다. 추출 버튼을 누르면 펌프가 작동하며 동시에 솔레노이드 밸브가 열려 설정된 값만큼 커피가 추출됩니다. 커피 추출이 끝나면 펌프가 정지되면서 솔레노이드 밸브가 닫히고, 더 이상의 커피 추출을 막게 됩니다. 커피 추출 후에도 그룹 헤드에 물이(약간의 커피 잔여물) 남아 있는데, 이 물도 배관을 통해서 배출하게 됩니다. 이 물을 배출시키지 않으면, 다음에 추출할 때 추출 온수의 온도가 떨어지기 때문에 반드시 배출시켜야 합니다. 커피 추출용 솔레노이드 밸브는 물을 배출하는 것까지 세 방향으로 작동하기 때문에 3 way 솔레노이드라고 합니다. 참고로 솔레노이드 밸브가 작동할 경우는 '틱!' 하는 물리적 힘이 작용하는 소리를 감지할 수 있습니다.

솔레노이드 밸브 코일에 사용되는 종류는, DC 24V, AC 110V, AC 220V용이 사용됩니다. 코일을 교체할 때는 24V용인지 220V용인지 꼭 확인해야 합니다. 24V용에 220V의 과전압을 사용하면 타 버리고, 220V용에 24V의 약한 전기를 사용하면 동작하지 않습니다.

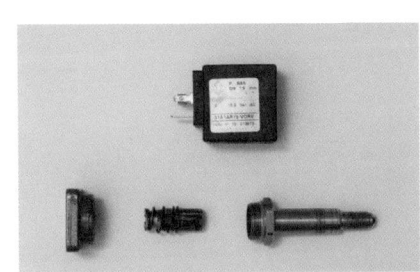

3 way 솔레노이드

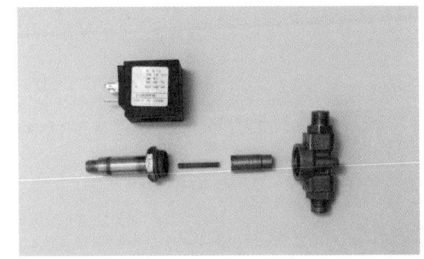

2 way 솔레노이드

7 릴리프 밸브(안전 밸브)

보일러 압력이 기준 이상으로 올라갈 때 작동하는 안전장치입니다. 보일러 압력이 기준 이상으로 올라가면, 밸브 안에 있는 스프링이 압축되면서(스프링을 밀어 올리면서) 밸브가 작동합니다. 그러면 보일러에 차 있는 스팀을 일시적으로 배출해 압력을 떨어지게 합니다.

일반적으로 단일형 보일러에서 스팀 압은 1bar 정도이며, 분리형과 개별형은 1.5bar 정도까지 사용합니다. 통상 1.8bar 정도이면 릴리프 밸브가 작동합니다. 릴리프 밸브가 작동하면, '펑!' 하며 터지는 음이 발생합니다. 이런 경우 머신이 과압 상태이므로 기계의 전원을 차단하고, 전문가에게 점검을 의뢰하는 게 좋습니다.

대부분 릴리프 밸브에 폭발음이 생기는 경우는 압력 스위치에 이상이 생겼을 때가 많습니다. 이런 경우 보일러에 고압의 뜨거운 증기가 차 있기 때문에 매우 위험합니다. 압력 스위치를 수리하거나 교체를 해 주어야 합니다.

릴리프 밸브는
압력이 기준 이상으로 올라갈 때
일시적으로 압력을 배출합니다.

8 과열 방지 스위치

보일러가 과열될 때 전기 히터의 작동을 차단시켜 더 이상 보일러가 과열되는 것을 막는 안전장치로 전기 히터와 연결되어 있습니다. 전기 히터 내부에 온도를 감지하는 열선 봉을 넣은 것과 보일러 외부에 부착하는 방식이 있습니다.

과열 방지기가 작동하면, 전원이 차단됩니다. 전원이 차단되었다는 것은 보일러의 온도가 기준보다 높아 안전 스위치가 꺼졌다는 의미이고, 그 이유를 꼼꼼하게 점검해 보아야 합니다.

전원을 복구하려면 가운데에 튀어 오른 단추(꼭지)를 눌러 주면 됩니다. 이때 '딱!' 소리와 함께 다시 전원이 가동됩니다. 이를 수동 복귀형이라고 하며, 자동으로 복귀되는 것도 있습니다.

안전 스위치로 바이메탈 스위치를 사용하는 머신도 있습니다. 바이메탈은 특수 금속으로 일정 온도가 되면 금속이 휘어지게 됩니다. 바이메탈 스위치는 이 특성을 이용하여 연결을 차단하는 스위치입니다. 이 방식도 다시 복귀시키려면 버튼을 눌러서 합니다.

윤랩의 교육용 커피 머신. 보일러가 과열되면 전기 히터가 차단되는 모습을 보여 줍니다.

과열 방지 스위치 내부에는 열에 반응하는 특수 금속이 쓰입니다. 전원을 복구하려면 붉은색 단추를 누르면 됩니다.

9 진공 방지 밸브(Vacume Valve)

 진공 방지 밸브는 보일러 상부에 부착되어 있습니다. 진공 방지 밸브는 보일러 내부에 차 있는 공기를 빼내고, 더운 스팀으로 다시 채우게 합니다. 커피 머신이 정지(대기) 중일 때, 보일러 내부의 아래는 물, 위는 공기로 차 있습니다. 머신을 가동하면, 전기 히터에 열이 가해지고, 그 열로 찬물이 데워지면서 위에 증기(스팀)가 생기게 됩니다. 그러면 초기에 있던 찬 공기가 진공 방지 밸브를 통해 보일러 외부로 배출되고, 보일러 내부는 더운 스팀 압력으로 점차 채워지게 됩니다. 일정 압력 즉 높은 압력이 생성되기 시작할 때 진공 방지 밸브의 추를 강하게 밀어 올려 보일러 내부와 외부를 완전히 차단해 주게 됩니다. 이때부터 제대로 뜨거운 스팀 압이 채워지기 시작합니다. 이 진공 방지 밸브는 이렇게 채워진 스팀 압력이 밖으로 새어나가지 않게 하고, 외부에서 공기가 들어오는 것도 막아 줍니다.

 진공 방지 밸브 위에는 꼭지(축)가 있는데, 스팀 압력이 생기기 전에는 내려가 있어서, 보일러를 가열하면 이곳으로 보일러 내부 공기를 배출합니다. 스팀 압력이 차오르면 이 축이 올라가면서 진공 방지 밸브가 막히게 되고, 스팀 압력을 유지하게 되는 원리입니다.

 진공 방지 밸브가 스케일 등으로 스팀이 새는 이상이 생길 경우 보일러 내부의 스팀이 외부로 계속 새어 나가거나, 스팀 압력이 떨어지는 등 문제가 발생하게 됩니다.

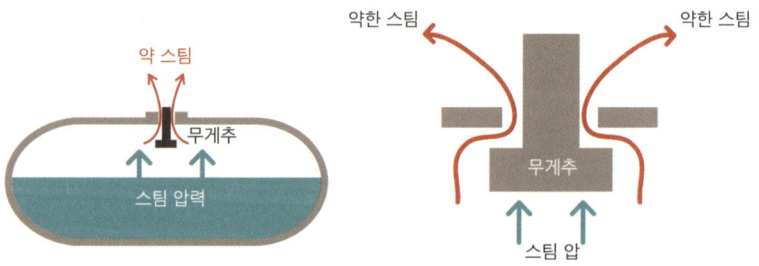

10 플로 미터(Flow Meter)

　커피의 추출량을 조절하는 장치로 유량계라고도 합니다. 플로 미터는 커피가 추출되는 그룹 헤드마다 하나씩 장착되어 있으며, 물의 흐름을 감지하여 추출량을 조절해 줍니다. 추출수는 플로 미터로 들어가 내부에 있는 바람개비 모양의 임펠러(impeller)를 회전시킨 후에 빠져나갑니다.
　임펠러에는 전자석 2개가 부착되어 있는데, 이 전자석이 회전하면서 발생하는 신호가 플로 미터 상부 뚜껑에 있는 코일로 전해지고, 이 신호가 메인 보드(PCB)에 전해져 메인 기판에 임펠러의 회전수를 저장하게 됩니다.
　플로 미터에는 추출수가 유입되는 방향과 토출되는 방향이 화살표로 표시되어 있습니다. 물이 들어가는 구멍과 빠져나가는 구멍이 있는데, 들어가는 구멍이 빠져나가는 구멍보다 작아서 임펠러가 회전하기 쉽게 해 줍니다. 구멍은 아주 작아서 반자동 머신은 1.2mm 정도입니다.

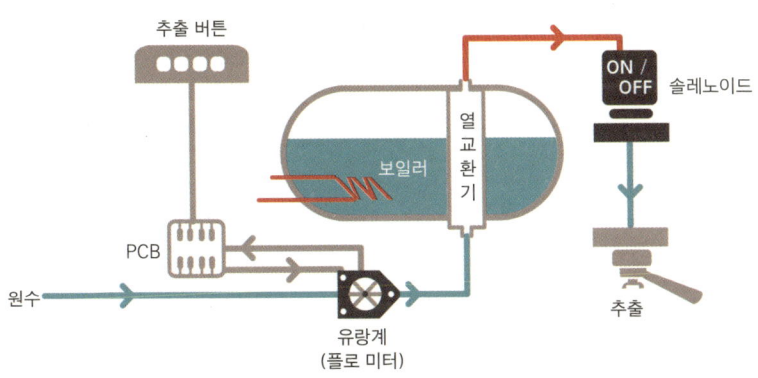

11 과수압 방지 밸브

　모터 펌프가 가동될 때 커피 머신의 수압은 8~10bar 정도입니다. 과수압 방지 밸브는 수압이 11bar 이상일 때 자동으로 작동되는 안전장치입니다. 정상 압력 이상의 과수압이 발생하면 보일러, 각종 배관, 열교환기 등 커피 추출에 관련된 부품에서 물이 새거나 고장이 날 수 있습니다. 설치 위치는 급수 배관의 끝부분이나 중간에 설치하여 배수통(drain)에 호스로 연결하는 경우도 있습니다.

　과수압 방지 밸브는 스프링의 장력을 이용합니다. 설정 압력 이상으로 압력이 가해지면 스프링이 밀려나면서 물을 배수통으로 배출시키고, 다시 설정된 압력으로 되돌아오면 스프링의 장력에 의해 원위치로 돌아오면서 물을 차단합니다.

평상시 스프링의 힘에 의해 막혀 있다가 과도한 힘이 작용하면 물이 통과됩니다.

과수압 방지 밸브는 스프링의 장력을 이용해 수압이 과도하게 높아질 경우 압력을 분출해주는 역할을 합니다.

12 스팀 뭉치

스팀은 우유를 데울 때 사용합니다. 스팀 밸브(Steam Valve)를 열면 스팀 파이프(Steam Pipe)를 거쳐 스팀 노즐(Steam Nozzle)로 스팀이 분사됩니다. 스팀 밸브는 다이얼 방식과 레버 식이 있는데, 머신마다 다르기는 하지만, 레버 식이 다루기 편해서 많이 쓰입니다. 스팀이 분사되는 부분이기 때문에 매우 뜨거워서 다룰 때 조심해야 하고, 특히 우유를 데우기 때문에 청결에 주의해야 합니다.

보통 스팀 파이프는 그룹 헤드를 중심으로 양쪽에 설치되어 있습니다. 스팀 노즐에는 구멍이 있는데, 보통 3~5개 정도입니다. 이 구멍으로 스팀이 분사되기 때문에 구멍 안쪽에 우유 찌꺼기가 남아 있게 됩니다. 스팀 노즐의 끝부분은 분리가 되므로, 이 부분을 분리해 청소를 해 주어야 합니다. 간혹 이 노즐 구멍을 날카로운 송곳으로 세게 힘을 가해 청소를 하는 경우가 있는데, 이렇게 되면 노즐 구멍이 커지면서 스팀 분사에 문제가 생깁니다.

스팀을 사용한 후에는 스팀 밸브를 다시 열어서 스팀을 더 빼 주어야 합니다. 그러면 노즐 안쪽에 남아 있던 우유가 제거됩니다. 만일 이를 게을리하면 우유가 굳어지면서 스팀 분사가 약해질 수 있습니다.

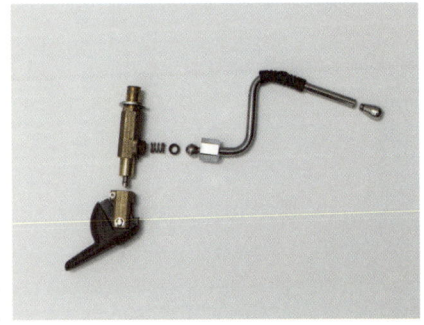

스팀 뭉치. 우유를 데우기 때문에 청결에 주의해야 합니다.

13 온수 공급 밸브

보일러 안에 있는 스팀의 압력을 이용해 보일러 물을 내보내는 역할을 합니다. 간혹 보일러 내부에 스케일이 많이 끼어 있거나, 이물질 등이 있을 때는 온수에 섞여서 나오는 경우도 있습니다. 가끔 추출구를 분해해서 이물질이 있나 확인하고, 제거해 주는 것이 좋습니다.

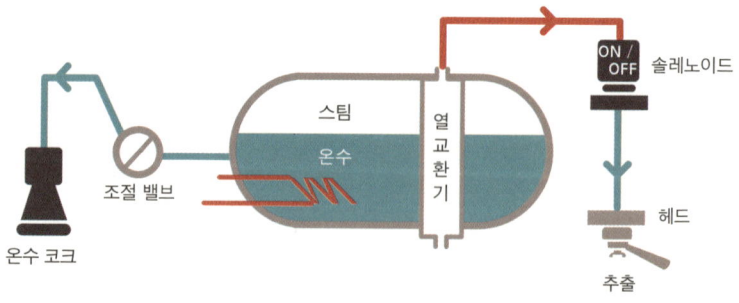

커피 머신의 온수는 보일러가 정점까지 가열되어 강한 스팀 압이 형성되어야 그 압력으로 온수를 밀어 낼 수 있습니다.

전자식 온수 공급 밸브와 솔레노이드. 보일러의 뜨거운 물을 추출할 때 쓰입니다.

14 포터 필터(Porter Filter)

포터 필터는 커피 추출의 마지막 단계에서 분쇄 원두를 담아 추출을 하는 핵심 부품입니다. 그룹 헤드와 마찬가지로 열과 온도를 유지하기 위해 동(銅)으로 만들며, 크롬 도금을 합니다. 커피 맛은 적정 온도가 중요하므로, 항상 그룹 헤드에 장착을 해놓아야 합니다. 그룹 헤드에 포터 필터를 끼워두면 항상 고온을 유지하게 됩니다. 포터 필터를 장착해 놓지 않으면, 온도가 떨어지고, 커피 추출수의 온도도 떨어지게 되어, 추출되는 커피의 맛에 영향을 줍니다.

분쇄 원두는 포터필터 바스켓에 담깁니다. 이 필터 바스켓 바닥에는 구멍이 뚫려 있는데, 구멍의 크기와 개수에 따라 추출수가 분쇄 커피를 통과하는 속도가 다르게 되고, 커피 맛에도 영향을 주게 됩니다. 바스켓도 1잔(1샷) 추출용과 2잔(2샷) 추출용이 있습니다.

커피를 추출하려면 분쇄 원두에 높은 압력을 가하면 필터 바스켓이 압력을 견디지 못해 바닥면의 구멍이 커지거나 훼손되기도 합니다. 만약에 바닥면의 구멍이 커지면 추출된 커피에 찌꺼기가 많이 남게 되니 유의해야 합니다.

포터 필터와 바스켓의 청결 유지도 매우 중요합니다. 영업이 끝나면 분리를 해서 세척을 해 주어야 하며, 가끔은 전용 세제에 담가 커피 찌꺼기를 완전히 제거해야 합니다.

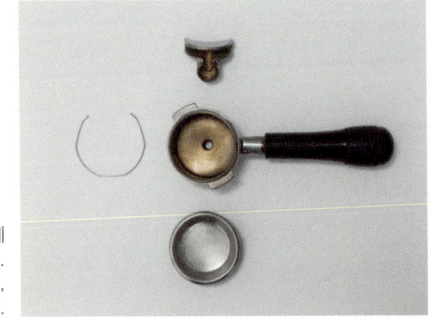

포터 필터는 항상 그룹 헤드에
장착해 온도를 유지해야 합니다.
포터 필터는 바스켓, 와이어,
스파우트 등으로 구성되어 있습니다.

15 그룹 헤드(Group Head)

그룹 헤드는 포터 필터를 장착하는 핵심 부품입니다. 커피 추출수가 그룹 헤드를 통과하여, 포터 필터에 담긴 분쇄 원두를 적시고, 커피가 추출되기 때문입니다. 그룹 헤드는 커피 추출수가 마지막으로 통과하는 부분이어서 온도를 유지하는 것이 가장 중요합니다. 그래서 열전달과 보존에 좋은 동(銅)으로 만들며, 부식을 방지하기 위해 크롬 도금을 합니다.

그룹 헤드의 온도를 가열하고 유지하는 방식도 머신에 따라 다릅니다. 독립형 보일러 방식에서는 커피 보일러와 그룹 헤드가 거의 붙어 있어서, 열의 예열과 전달, 열 보존 효과가 좋습니다.

그러나 일반적으로 카페에서 많이 쓰이는 단일형 보일러의 경우, 보일러에서 데워진 열이 배관을 통과하여, 그룹 헤드에 연결되어 다시 순환하는 방식입니다. 즉 열교환기의 상부 배관이 그룹 헤드에 연결되어 있어, 온수가 흐르게 됩니다. 이 온수는 그룹 헤드를 거친 후에 다시 열교환기 하부로 연결된 배관을 통해 다시 열교환기로 들어갑니다. 즉 열교환기의 뜨거운 물이 배관을 통해 그룹 헤드를 순환하며, 온도를 유지하게 됩니다.

이 방식은 열을 전달하고 유지하는 면에서 독립형 보일러에 비해 다소 떨어지는 편입니다. 연속해서 많은 양을 추출하는 경우, 그룹 헤드의 온도에도 영향을 줄 수 있어 2그룹의 경우 양쪽 그룹 헤드를 교대로 바꾸어 사용하는 것이 열보정 효과에 도움을 줍니다.

그룹 헤드에는 개스킷(gasket), 샤워 홀더(shower holder)와 샤워 스크린(shower screen), 소모성 부품들이 있습니다. 그중에서 개스킷은 그룹 헤드와 포터 필터 사이에서 추출 압력이 새어나가거나 추출수가 새어 나가는 것을 방지하는 역할을 합니다. 고무 재질이기 때문에 일정 기간(보통 3~4개월 정도) 사용하면 딱딱하게 굳을 수밖에 없어, 점검을 하고 교체를 해야 합니다.

커피 추출수는 샤워기처럼 작은 구멍이 있는 샤워 스크린을 통해 분출됩니다. 샤워 스크린의 망은 분쇄 커피와 직접 접촉되는 부분입니다. 분쇄 커피에 물이 고르게 잘 분사되는지, 커피 찌꺼기가 남아 있지 않은지, 망이 훼손되지 않았는지 등을 세심하게 확인하고, 청결을 유지해야 합니다. 커피 맛에 직접 영향을 주기 때문입니다.

매일 영업을 마치면 포터 필터를 청소할 때 그룹 헤드 부분도 함께 간단하게 청소를 해 주는 것이 좋습니다. 일주일에 한 번 정도는 그룹 헤드의 샤워망과 홀더를 분해해서 전용 세제를 이용해 완전하게 청소를 해 주어야 합니다.

그룹 헤드는 커피 추출수가
마지막으로 통과하는 부분으로
온도 유지와 청결에 주의해야 합니다.

02

커피 머신 Q & A
고장 증세와 수리 방법

카페를 운영하다 보면 커피 머신이 고장 나는 경우가 종종 있습니다. 새 머신의 경우라도, 2~3년 정도 사용하면, 머신이 노화되면서 고장이 잦게 됩니다. 머신은 노후될수록 더 각별하게 관리를 해야 합니다. 소모성 부품등을 교체해야 하는 경우도 많습니다. 여기에서는 커피 머신의 다양한 고장 증세와 간단한 수리법을 'Q & A' 방식으로 정리해 소개합니다. 우선, 카페를 창업할 때 가장 큰 고민 중에 하나인 커피 머신을 선택하는 기준과 다양한 궁금증 등을 정리해 봅니다. 이어서 커피 추출 문제, 물(정수, 온수), 스팀 문제, 전기 문제 등 주요 부품의 고장과 수리를 소개하고, 제빙기와 그라인더 등을 살펴봅니다.

커피 머신 일반

커피 머신을 처음 대하게 되면 궁금한 점이 많습니다. 창업을 할 때 어떤 커피 머신을 선택해야 하는지, 중고 머신을 써도 괜찮은지, 커피 머신은 24시간 켜 두어야 하는지, 커피 머신을 직접 설치할 수 있는지 등...... 커피 머신에 대해 궁금하거나 꼭 알아야 할 일반적인 내용들을 정리합니다.

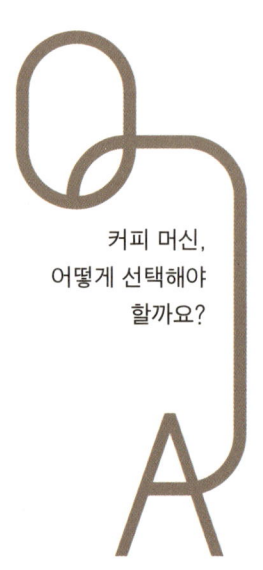

커피 머신,
어떻게 선택해야
할까요?

동네에 작고 예쁜 카페를 창업하는 분들이 많습니다. 이분들의 가장 큰 고민은 커피 머신입니다. 인터넷을 뒤져 보면, 가격도 천차만별이고, 중고 커피 머신도 많습니다.

우선, 카페 창업 지역을 고려해야 합니다. 주거 지역 위주인 '동네'는 역세권과 상업 지역과는 다르겠네요. 이점은 카페 창업에서 정말 중요한 기준입니다. 하루에 기대하는 매출과 투자비와 큰 관련이 있으니까요!

커피 머신을 선택할 때는 커피를 연속해서 추출할 수 있는 용량을 따져 보아야 합니다. 즉, 뜨거운 물과 스팀을 연속해서 몇 잔까지 사용할 수 있는지? 머신의 용량에 따라 가격 차이가 많이 나는 것은 당연하겠죠!

먼저 하루 판매량을 추정하는 것이 중요합니다. 하루 100잔 내외이고, 연속 추출이 최고 10~20잔 정도라면, 보급형의 중저가형 커피 머신이 적당합니다. 일반적으로 보급형은 보일러의 용량은 9~15L, 그룹 헤드는 2개인 것으로 고르면 됩니다. 그룹 헤드가 2개이면, 손님이 단시간에 몰리더라도 번갈아 커피를 추출을 할 수 있기 때문입니다. 그룹 헤드 3개는 보일러의 용량이 훨씬 크고, 물을 끓이고 온도를 유지하는 데 전기가 많이 필요하게 됩니다.

일반적으로 하루 100잔 이하의 사용량에서는 3그룹의 머신은 어울리지 않겠죠! 그렇다고 그룹 헤드가 1개이고, 보일러 용량이 적은(7L 이하) 것은 상업용으로 보기 어렵습니다. 보일러가 작아서 안정적으로 온수를 공급하기 어렵고, 4~5잔만 연속적으로 뽑아도 온도가 떨어져서 안정적으로 맛을 유지하기 어렵기 때문입니다. 즉, 갑자기 손님이 몰릴 경우 낭패를 당할 수도 있습니다.

다음으로 고려할 사항은 유지 관리 비용 등입니다. 현재 일반적인 카페에서 사용하는 대중적인 커피 머신은 십여 가지 정도입니다. 바리스타들이 어느 곳에서든 다루기 쉬우며, 청소·관리하기 좋고, 고장이 비교적 적고, A/S가 편하며, 부품 교체나 수리비가 착한 머신을 선택하는 것이 중요합니다. 보통 카페들이 많이 사용하는 머신을 고르는 것도 좋은 방법입니다. 보급하는 회사를 찾기 힘든 머신은 서비스가 어려울 수 있거든요.

그룹 헤드 숫자로 본 커피 머신.
왼쪽부터 1그룹, 2그룹, 3그룹입니다.

 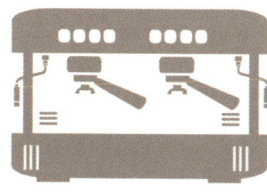 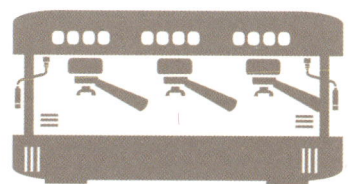

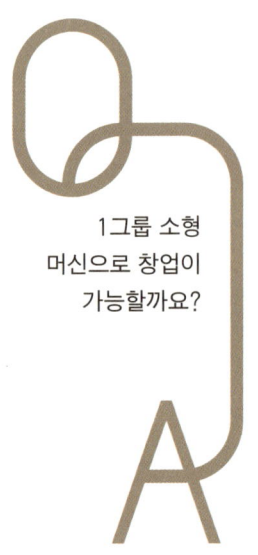

1그룹 소형 머신으로 창업이 가능할까요?

우선 머신은 사용 목적에 맞아야 합니다. 카페를 오픈하고, 하루 판매량이 기대에 못 미칠지라도 에스프레소가 손님을 만족시킬 수 있도록 최대한 노력을 해야 합니다. 커피 맛이 좋아야 손님이 카페를 다시 찾게 되고, 결국 카페의 성패를 가르게 됩니다.

이를 바꿔 말하면, 커피 맛을 제대로 내고 유지해야 한다는 것이며, 이에 합당한 커피 머신을 선택해야 한다는 말입니다. 즉, 커피를 제조하기 위해 필요한 온도와 압력을 제대로 낼 수 있는 머신을 선택해야 한다는 말입니다. 그런 의미에서 1그룹 머신은 카페에서 사용하기에 적당하지 않습니다.

1그룹도 소형 머신도 두 가지로 분류할 수 있습니다. 머신 내부의 모터가 바이브레이션 펌프로 되어 있는 경우, 일반 모터를 사용하는 경우보다 압력 변화가 불안하고 추출에도 영향을 줄 수 있습니다.

불가피하게 1그룹의 머신을 사용해야 한다면, 일반 모터형 커피 머신이 그나마 괜찮습니다. 1그룹 머신은 하루에 20~60잔 정도의 카페에서는 사용할 수 있습니다. 1그룹은 2그룹에 비해 보일러의 용량이 적을 뿐 아니라 그룹 헤드가 하나이므로 1개 헤드만으로 연속 추출을 하다 보면 온도 보정의 부족으로 추출의 질이 떨어질 수가 있습니다.

카페의 규모로 보아 소형 머신을 찾으신다면, 1그룹 머신보다는 2그룹 머신 중에서 콤팩트하면서 보일러 용량이 10리터 이하인 중소형 머신이 좋겠습니다. 시중에서 유통되는 머신의 사양을 고려해서 선택하시기 바랍니다.

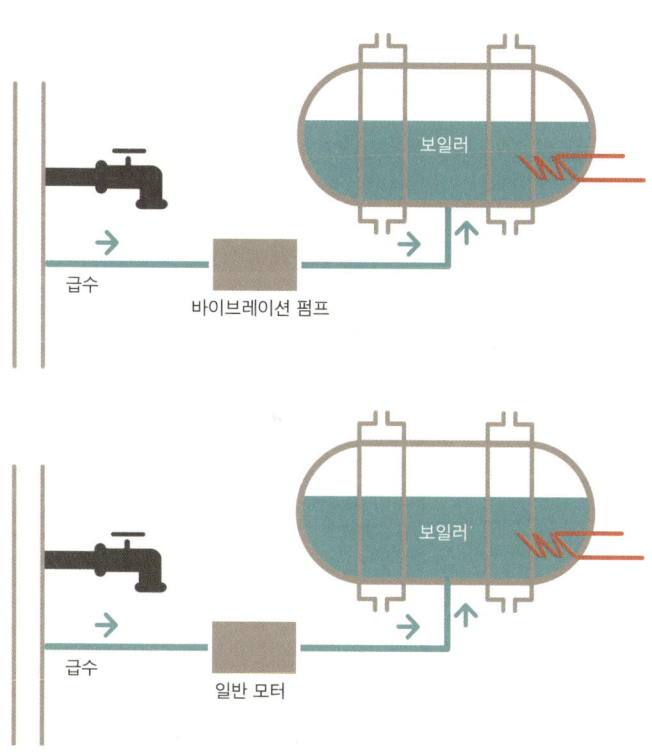

중고 커피 머신도 괜찮을까요?

형편상 중고 커피 머신을 사려고 합니다. 인터넷을 검색해 보니 반대하는 분들이 많네요. 괜찮을까요?

승용차를 예로 들어 보겠습니다. 첫 번째, 연식이 3년 정도 지난 중고 승용차입니다. 외장은 새것 같은데 내부의 엔진이나 주요 부품이 문제가 심각한 것도 있겠죠. 침수가 된 차량이거나 심각한 운전 습관으로 문제가 된 차량일 수 있겠습니다. 두 번째, 구입하고 난 후 별로 사용도 하지 않은 채 몇 개월 지나 되팔게 된 차량입니다. 외장 내장 할 것 없이 깔끔합니다. 새 차에 비하면 값도 당연히 쌉니다. 세 번째, 연식이 꽤 되어 보이는 주행 거리도 10만km가 넘는 값이 싼 중고차입니다. 엔진 보링도 하고 여러 부품도 교환한 차량입니다. 중요한 엔진이 보링이 되어 있지만, 자동차를 오래 사용하다 보면 이곳저곳 삐걱거리기 시작합니다. 영업용 택시같이 사용을 많이 한 차량은 바퀴의 휠부터 핸들의 유격이라든지 하다못해 문짝조차 수명이 다 되어 가는 것을 느낄 수 있습니다.

위 세 가지 승용차 중에서 어떤 것을 선택해야 할까요? 일반 초보자가 좋은 중고 제품을 판별하기는 쉽지 않습니다. 육안으로 보이는 외관 상태만 가지고 판단하기도 어렵습니다. 필자라면, 당연히 두 번째 자동차를 선택하겠습니다.

물론, 새 차와 가격을 비교해서 판단해야겠지만, 새 차에서 나는 화학제품 냄새도 없고, 세금 등을 고려하면 20~30% 정도는 싸게 살 수 있기 때문입니다. 첫 번째 승용차는 당장은 별 문제가 없을지라도, 앞으로 계속 문제가 생길 수 있는 차이고, 세 번째 차는 당장 문제가 발생할 수 있는 차이기 때문입니다.

  필자가 머신 교육을 하면서 느끼게 되는 보람 중에 하나는, 교육을 받으신 분들이 머신을 충분히 이해하고, 구입 및 유지관리에 있어 부가가치를 높이고 있기 때문입니다. 결론적으로 비용 절감 측면에서 중고 머신 구입도 고려할 만합니다. 단, 평소에도 머신에 관심을 가지고 공부하고, 더 세심하게 관리를 해야 할 것입니다.

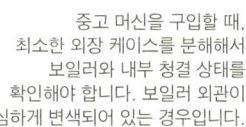

중고 머신을 구입할 때, 최소한 외장 케이스를 분해해서 보일러와 내부 청결 상태를 확인해야 합니다. 보일러 외관이 심하게 변색되어 있는 경우입니다.

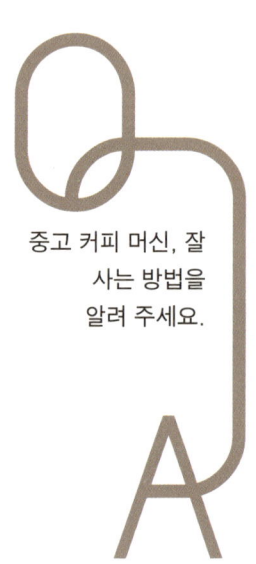

중고 커피 머신, 잘 사는 방법을 알려 주세요.

카페 창업을 앞두고, 커피 머신 교육을 받으러 온 분들도 많습니다. 중고 커피 머신에 대해 궁금해 하고, 간혹 필자가 중고 커피 머신 구입을 도와드리는 경우도 있습니다. 이때는 그간의 경험으로 다음의 10가지 정도를 따져 보고 구입하라고 권합니다.

중고 머신 구입 10계명

1계명_가능하면 1년 이내, 길면 2년 내로 사용한 머신을 선택하라. 전시용 머신은 수년이 지났어도 새 제품 같은 특별한 경우도 있습니다.

2계명_가급적 보링이나 큰 수리를 하기 전 단계의 깨끗한 머신이 좋습니다.

3계명_매출이 많은 곳의 머신을 피하라. 대형 프랜차이즈 같은 매출 위주의 카페 머신은 아무래도 노화가 빨리 진행됩니다. 저가의 박리다매형 테이크아웃 전문 카페의 머신도 마찬가지입니다.

4계명_커피 머신의 상부는 반드시 열어 보아 내부를 확인합니다. 위에서 볼 때, 전선이나 전체 부품의 탈색이 지나친 것은 구입에 있어 신중해야 합니다.

5계명_공기가 좋고 물이 좋은 곳의 머신을 선택하라. 머신도 생명체입니다. 수질이 좋지 않은 곳이나 공기가 습한 지하에서 사용한 머신은 다른 머신에 비해 노화 정도가 빠릅니다. 특히 석회수가 나오는 지역의 머신은 사용 기간에 비해 부품 부식이 심한 경우가 많아서 피해야 합니다.

6계명_주인을 잘 만난 머신을 선택하라. 머신을 잘 아는 바리스타가 다루었던 머신은 길이 잘 들어 사용하기 좋습니다.

7계명_머신의 이력이 복잡한 기기는 피하라. 자동차도 그렇지만 이곳저곳 주인이 자주 바뀐 머신은 엉망일 수 있습니다. 한 곳, 한 주인 밑에서 깔끔하게 사용된 머신을 선택하는 것이 좋습니다.

8계명_ 전국 어디서나 쉽게 서비스가 되는 제품을 선택하라. 한 두 곳 머신 업체에 전화만 해 봐도 모델마다 서비스가 가능한지 확인할 수 있습니다.

9계명_바로 되팔 수 있는 머신인가를 확인하라. 유통이 되지 않는 머신이 가끔 있습니다. 내가 사용하는 머신이 시중에서 유통되는 머신인지를 인터넷 검색으로 확인하고 구입해야 합니다.

10계명_샵앤샵 머신은 구입에 가산점을 주어라. 예를 들면 빵이나 의류, 피자 등을 팔며 사이드로 커피를 파는 곳은 머신의 사용이 빈번하지 않아서, 머신의 상태가 깨끗한 경우가 많습니다.

카페에서
'다 알아서 해 주는'
전자동 머신을
사용해도 될까요?

커피 머신은 추출 방식에 따라 수동, 반자동, 자동으로 나눌 수 있습니다. 수동식은 커피 머신 개발 초기의 것으로 거의 사용되지 않습니다.

'다 알아서 해 주는' 전자동 머신은 사무실이나 대형 뷔페, 연회장 등에서 볼 수 있는 간편한 커피 머신입니다. 자동은 커피콩을 담는 호퍼와 커피콩을 분쇄하는 그라인더가 같이 있습니다. 대개의 경우 버튼을 누르면 분쇄와 추출이 이어서 이루어집니다. 전자동 커피 머신은 설치도 간단하고, 공간도 많이 차지하지 않으며, 무엇보다도 사용법이 간단하고 편리합니다. 인건비도 절약되며, 바쁠 때 시간도 절약할 수 있습니다. 누구든지 바리스타 도움 없이 일정 수준의 커피를 즐길 수 있습니다. 이를 바꿔서 말하면, 바리스타가 필요 없는 고급 자판기 커피와 비슷한 것입니다.

반면에 전자동 커피 머신은 바리스타가 원하는 다양한 커피 맛을 낼 수 없으며, 가격도 비싼 편입니다. 제대로 된 전자동 커피 머신은 반자동 머신의 3~4배 정도로 비싼 편입니다. 머신 내부를 청소하는 것도 쉽지 않습니다.

요즘에는 저가형 자동 커피 머신도 많습니다. 경쟁이 치열해서 매달 일정 수준의 커피콩을 쓰면 커피 머신 대여료가 무료인 저가형도 있습니다. 에스프레소는 물론이고 카페라떼, 카푸치노 등까지 추출할 수 있는 자동 머신도 있습니다. 또한 가정에서 사용하는 자동 머신도 많이 개발되어 있습니다.

우리가 일반적으로 카페에서 사용하는 커피 머

신은 반자동으로 보면 됩니다. 즉, 특별한 경우가 아니라면, 카페에서는 반자동 머신을 사용합니다. 반자동은 커피콩을 분쇄하는 그라인더와 에스프레소 머신이 분리되어 있습니다. 바리스타는 커피 머신으로 자신만의 맛과 향을 낼 수 있어서, 바리스타의 역량에 따라서 커피 맛이 좌우될 수도 있습니다. 바리스타가 얼마나 머신을 이해하고 잘 다룰 수 있느냐에 따라서 맛의 편차가 크게 됩니다. 프랜차이즈 카페의 경우를 보더라도 같은 장비와 커피콩이지만 맛의 차이가 꽤 나는 경우가 이를 말해 줍니다.

카페는 에스프레소뿐만 아니라 다양한 커피 관련 메뉴를 판매합니다. 소비자들의 욕구도 점차 다양해지고 있습니다. 머신도 점차 디지털화되어 가면서 사용자의 편리성을 높이는 것은 물론이고, 다양한 메뉴를 만들 수 있게 되었습니다. 자동 머신으로 일률적인 커피 맛을 내는 것보다는 바리스타로서의 역량을 강화하면서 자신만의 커피 맛을 개발하고, 일정하게 유지할 수 있는 노력을 꾸준히 해야 할 것입니다.

커피 머신을 직접 설치하려고 합니다. 순서와 주의할 점을 알려 주세요.

1단계_우선 싱크대에 밸브를 달아서 머신 쪽으로 공급할 급수 라인을 밸브에 연결합니다.

2단계_연결한 밸브에서 머신으로 호스를 연결하게 되며, 그 사이에 정수 필터를 연결합니다. 간혹 인테리어용으로 필터를 외부 벽에 부착하여 사용하는 업소도 있습니다.

3단계_머신과 연결되어 있는 물 공급 라인은 보통 쇠줄입니다. 끝부분의 수도 연결부에 피팅을 연결합니다. 연결한 피팅에 물 공급 호스를 밀어 넣어 연결합니다.

4단계_머신의 하단에 하수 연결구가 있습니다. 하수 호스를 연결구와 연결하여 하수구 구멍에 꼽습니다. 하수 배관에 5센티 이상을 넣고 테이프로 테이핑을 해 주는 것이 안전합니다.

5단계_수도 연결이 끝나면 싱크대에서 물 공급 잠금 장치를 해제하여 물을 공급합니다.

6단계_다음은 머신의 전기 라인을 연결합니다. 단상일 경우 30A 차단기를 이용해서 차단기에 직접 머신의 전원을 연결합니다. 220 볼트용 두선과 접지선을 연결합니다.

7단계_머신에 전원을 공급하기 전 머신 내부에 물을 완충시켜야 합니다. 머신의 종류에 따라 설치 방법이 다릅니다. 머신 전원 스위치가 '0, 1, 2'로 나누어져 있을 경우 1에 스위치를 위치시키고, 물을 머신으로 투입하기 시작합니다.

8단계_물이 다 공급되면 추출 버튼을 눌러 봅니다. 이상 없이 동작이 되면, 스위치를 2에 위치시키고, 히팅을 시작합니다. 주의할 점은 보일러 탱크 내에 물이 들어가기 전에 히팅 전압(스위치 2)이 가해지면, 히터의 과열로 인해 히터가 파열됩니다. 머신의 종류에 따라 보일러 물의 양을 볼 수 있는 수위 게이지가 있는 경우에는 최저 수위를 확인하고, 그 이상 물이 차 있으면 전원을 인가해도 됩니다.
강제 급수 밸브가 있는 머신의 경우, 최저 수위 이상으로 강제로 물을 급수시키고 난 후 전원을 인가하면 됩니다.

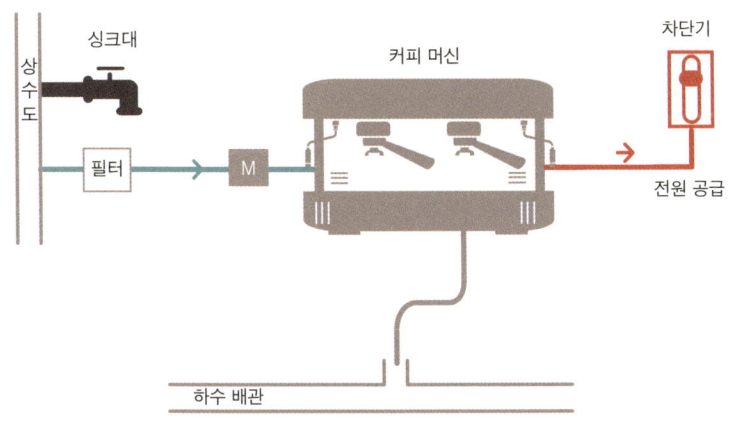

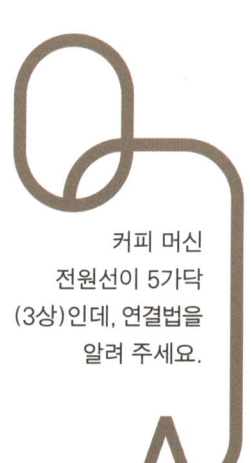

커피 머신 전원선이 5가닥 (3상)인데, 연결법을 알려 주세요.

전원선은 단상과 삼상으로 구분됩니다. 단상은 보통 우리 가정에서 사용하는 220볼트의 3선입니다. 3선 중 하나는 접지선이며, 접지선은 보통 황색과 초록색이 섞여 있는 선입니다. 나머지 두 선이 220볼트의 연결선입니다. 삼상은 선의 가닥 수가 많아서 전문가가 아니면 구분하기 어렵습니다. 삼상을 묶어서 단상 220볼트에 연결하려면, 5가닥 선 중에 접지선을 제외하고 N선을 찾는 것이 중요합니다. N선은 일반적으로 파랑색으로 되어 있습니다. N선을 제외한 나머지 3선을 하나로 묶어서 N선과 함께 220볼트용으로 사용할 수 있습니다.

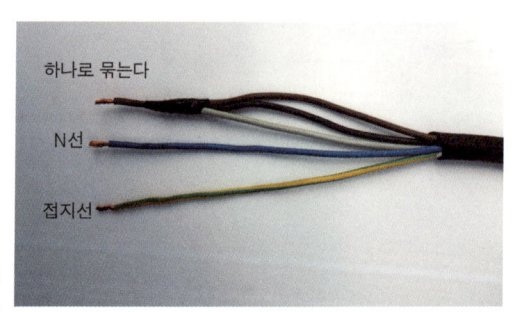

N선과 하나로 묶은 선에 220V를 사용하게 됩니다.

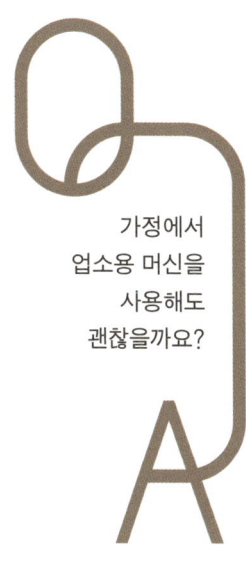

가정에서 업소용 머신을 사용해도 괜찮을까요?

일반적으로 가정에서 사용하는 전력은 3Kw 정도입니다. 업소용 머신은 보통 4.5Kw 정도입니다. 부득이하게 업소용 머신을 사용해야 한다면 히터 부분의 연결선(선재) 3개 중 1개(열)만 연결하여 사용하면 가능합니다. 다만, 머신의 초기 가열 시간이 상당히 많이 걸리는 불편함이 있습니다. 보일러 용량이 9리터 이하인 작은 업소용 머신일 경우에 한해 가정에서 한시적으로 히터를 약하게 하여 사용해 볼 수 있습니다.

커피 머신의 전력 용량을 2Kw 이하로 변형시켜 사용하는 것도 가능하겠지만, 가정의 다른 전자 제품들, 에어컨이나 기타 전열 기구를 함께 사용하면 무리가 될 수 있습니다. 전기에 대해 사전 지식이 없는 상태에서 커피 머신을 가정에서 사용할 경우 안전사고의 위험이 있으니 주의하시기 바랍니다.

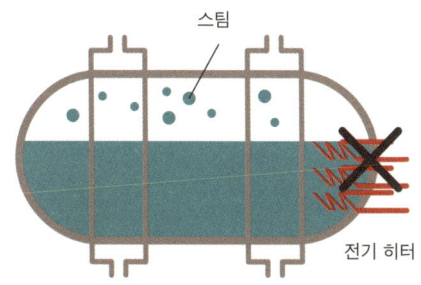

가정에서 영업용 머신을 사용할 때는 히터 열선 3개 중에 1개만 사용할 수도 있습니다.

커피 머신 일반

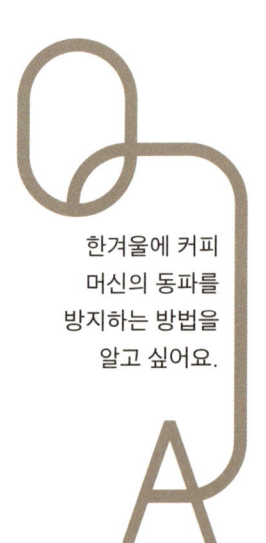

한겨울에 커피 머신의 동파를 방지하는 방법을 알고 싶어요.

요즘 신축 건물들은 단열 규정이 강화되어서 한겨울에도 동파가 발생하는 경우가 많지 않습니다. 그러나 실외 온도가 영하 10도 아래로 떨어지고, 실내 온도까지 영하로 떨어질 때는 가급적 커피 머신을 켜 두고 퇴근하는 게 좋습니다. 특히 겨울에 머신을 실외에 보관할 경우, 보일러 내부의 물은 완전히 제거하고, 머신의 부품도 보온재를 사용해 포장해 두어야 동파 예방이 됩니다. 지어진 지 오래된 노후 건물이나 카페 자체가 추위에 취약한 경우, 한겨울에는 특히 동파를 조심해야 합니다.

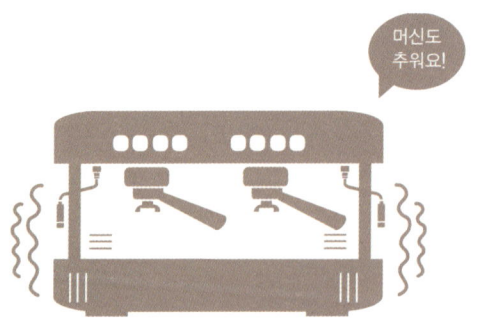

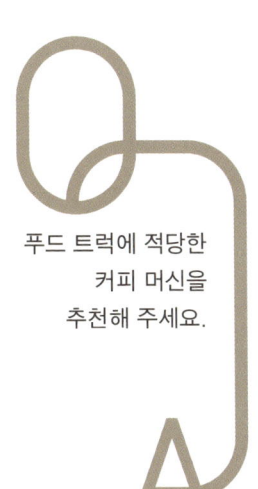

푸드 트럭에 적당한 커피 머신을 추천해 주세요.

푸드 트럭은 전기가 없이 발전기를 돌려서 사용해야 하는 경우와 전력 케이블을 연결해서 사용하는 경우가 있습니다. 발전기를 사용할 경우 1그룹 커피 머신이 좋습니다. 내장 모터는 바이브레이션 펌프형보다는 모터형 머신이 좋으며, 전력 2Kw 내외의 머신을 추천합니다. 전력 케이블을 별도의 건물에서 연결해서 사용할 경우는 연결 케이블의 용량을 최소 커피 머신 전원 케이블 용량 이상으로 사용해야 안전합니다. 전력 공급이 항상 가능하며, 일정 장소에서 지속적으로 영업이 가능하고, 카페 못지않은 매출이 기대되면, 2그룹 사용도 가능합니다.

커피 머신은
24시간
켜 두어야
하나요?

커피 머신의 전원을 24시간 켜 두는 경우와 퇴근할 때 전원을 끄고, 출근 후에 다시 전원을 켜는 경우 두 가지의 호불호가 갈립니다. 두 가지의 장단점을 비교해 보겠습니다.

커피 머신을 24시간 켜 둘 경우

_아침에 출근하여 대기 시간 없이 바로 커피를 추출할 수 있습니다.
_ 한겨울에는 커피 머신이 동파되는 것을 예방할 수 있습니다.
_ 대기 효과로 전기료가 많이 나옵니다.
_ 일반적인 2그룹 커피 머신의 소비 전력이 4500W 정도입니다. 이는 500W 전열 기구 9개를 동시에 사용하는 것과 같이 전력을 많이 소모합니다. 물론 히터의 ON / OFF가 반복적으로 이루어지지만, 전원을 꺼 두는 상태보다 전기료가 많이 나옵니다.
_ 커피 머신의 수명에 영향을 줍니다. 커피 머신 보일러의 내부 온도는 120°C 정도로, 커피 머신 내부에 상당한 열이 발생하게 됩니다. 커피 머신을 수년 간 사용하면, 이 열로 인해 커피 머신 내부에 있는 전선 피복의 색이 누렇게 변하게 됩니다. 다른 부품들도 변형이 되는데, 플라스틱으로 만든 부품들은 만져 보면 바삭거릴 정도까지 변형됩니다. 특히 컵 워머 기능까지 사용하게 되면, 커피 머신 내부 온도는 더욱 올라가게 됩니다. 어떤 카페에서는 컵을 많이 올려놓고, 수건까지 덮어 두기

도 합니다. 커피 잔을 따뜻하게 유지하려고 하는 것인데, 이렇게 하면 커피 머신 내부 온도가 훨씬 더 올라가게 되어, 머신 내부 전선과 부품의 변형을 앞당기게 됩니다. 컵을 올려놓고 덮개를 적당히 덮어 머신 내부의 온도가 어느 정도 통풍이 될 수 있게 사용하는 방법을 권합니다.

_또한 메인 PCB의 반도체 부품들이 고열에 의해 수명이 단축됩니다. 고급 머신의 경우 컴퓨터와 같이 통풍 팬을 달아서 내부 공기를 순환시켜 줍니다.

커피 머신의 전원을 끄고 퇴근할 경우

_아침에 출근하여 전원을 켜야 합니다. 커피 머신이 가열되는 시간이 필요합니다(20-30분).
_ 커피 머신을 꺼 놓고 퇴근하는 경우 한겨울에는 동파에 주의해야 합니다.
_ 보통 온도가 낮은 물을 데울 때는 스케일이 발생할 수도 있다고 하는데, 아직까지는 스케일 발생에 대한 정확한 학술적 보고는 없습니다.
_커피 머신 내부 부품의 변형이 덜 진행됩니다.

이와 같은 장단점을 인지하시고 카페 매장의 환경에 따라 선택 운영하시길 바랍니다.

커피 머신의
절전 방법을
알고 싶습니다.

커피 머신은 에어컨이나 온풍기보다 훨씬 전기가 많이 소모되고 전기료가 많이 나옵니다. 머신의 구조를 조금만 이해하면, 전기 사용을 합리적으로 줄일 수 있습니다.

한마디로 말해, 머신의 전기료는 스팀과 온수의 사용 시간과 비례합니다. 스팀과 온수는 전기 히터가 담당합니다. 전기 히터는 머신 부품 중에서 전력 소비의 80% 이상을 차지해, 전기 히터의 사용 시간을 줄이면 전기세를 절약할 수 있게 됩니다.

그러니 불필요한 스팀과 온수 사용을 줄이는 게 좋습니다. 그룹 헤드를 청소할 때도, 그룹 헤드에서 나오는 뜨거운 물로만 청소를 하면, 사용하는 양만큼 전기 사용량이 증가합니다. 그룹 헤드는 주기적으로 자주 청소를 해 주어야 하기 때문에 그만큼 뜨거운 물을 많이 쓰게 되고, 전기 사용량도 많게 됩니다. 그룹 헤드를 청소할 때는 별도의 물 공급 라인을 이용하여 샤워 세척을 하는 것이 전기 사용을 줄이는 방법입니다.

필자도 직영 카페 여럿을 운영한 적이 있습니다. 그때 고전력용 타이머를 개발해 사용했습니다. 퇴근 후 일정 시간이 지나면 전원이 꺼지고, 출근 30분 전에 전원이 켜지도록 타이머 시간을 설정해 전기 사용량도 줄이고, 계절에 상관없이 편리하게 사용한 적이 있습니다. 카페 운영에 있어서 관리비를 절감하는 노하우를 최대한 살려야 하겠습니다.

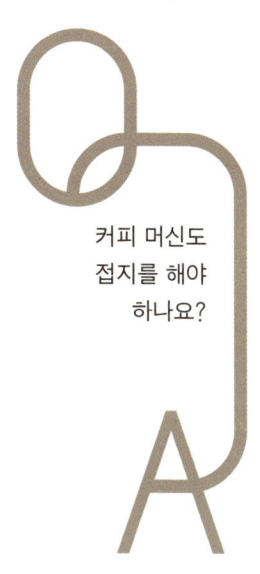

커피 머신도 접지를 해야 하나요?

접지선이 없어도 기기는 대부분 무리 없이 작동은 합니다. 다만 기기에 이상 전류나 누설 전류가 생길 때 사람에게 감전이 될 수 있습니다. 쉽게 예를 들어볼까요. 커피 머신의 내부에 있는 전선의 피복이 벗겨져 케이스에 닿았다고 가정합시다. 케이스가 철로된 전도체라면 사람이 케이스를 만지면 감전이 되겠죠. 하지만 미리 케이스를 접지시켜 두면 누전 차단기가 미리 차단을 하게 되니 안전합니다.

접지의 의미는 본래 땅에 접속시킨다는 의미인데, 이상 전류가 발생이 되어도 미리 땅속으로 접속해 놓았기 때문에 문제의 전류가 인체에 오기 전에 땅속으로 흐르게 합니다. 이런 접지의 역할로 위험이 차단된다고 보면 됩니다.

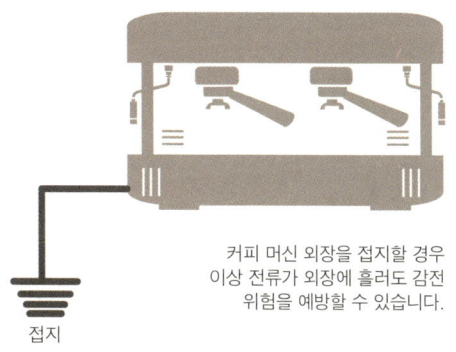

커피 머신 외장을 접지할 경우 이상 전류가 외장에 흘러도 감전 위험을 예방할 수 있습니다.

접지

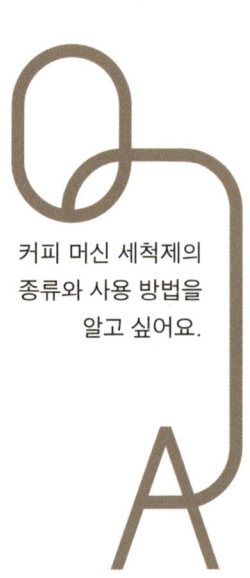

커피 머신 세척제의 종류와 사용 방법을 알고 싶어요.

머신 세정제

샤워 스크린, 헤드, 포터 필터 바스켓 등을 청소할 때도 사용합니다. 일반적으로 세정제를 따뜻한 물에 희석해 사용하며, 세척해야 할 부품들을 몇 시간 정도 담가 세척하면 효과가 배가됩니다. 세정제는 인터넷 판매 업체, 머신 판매상, 부품상 등에서 구입할 수 있습니다.

스케일 제거제

보일러 세정 및 각종 밸브 등의 스케일을 제거할 때 물에 일정량의 스케일 제거제를 희석하고, 스케일을 제거해야 할 부품들을 일정 시간 담가 두는 방식으로 사용합니다. 각종 동관 및 히터의 세정 및 스케일을 제거할 때 사용하며, 반드시 세정 후에는 베이킹 소다 등을 이용해 중화시켜서 깨끗이 세척한 후 조립해야 합니다. 수입 머신 업체나 부품 판매 업체에서 구입할 수 있습니다.

PB1

커피 찌꺼기로 얼룩진 때, 오래된 이물질 등으로 오염된 머신의 외장이나 내부 배관 등에 뿌린 후에 조금 기다립니다. 천이나 솔 등으로 문지르면서 물을 뿌려 주면 깨끗이 닦입니다. 커피 머신 내부를 물로 청소할 때는 반드시 전원을 끄고 해야 합니다. 또한 전선이나 메인 보드(PCB) 등에 물이 닿지 않도록 주의합니다. 물이 전선을 타고 흘러들어 고장이 날 수 있습니다. PB1은 일반 대형 마트나 인터넷 판매 업체에서 구입이 가능합니다.

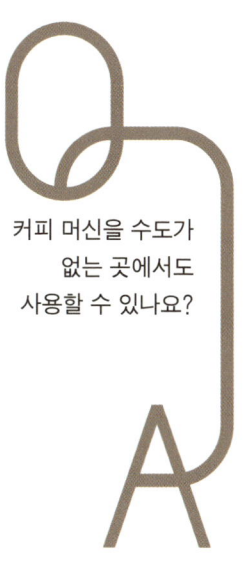

커피 머신을 수도가 없는 곳에서도 사용할 수 있나요?

커피 머신을 수도가 없는 야외나 차량 등에서 사용할 때는 물통에 담긴 물을 활용할 수 있습니다. 그림과 같이, 물통에 호스를 연결해 사용하면 됩니다. 단, 수돗물과 다르게 기본 수압이 없으므로 물통의 위치를 머신의 위치보다 높게 하여 사용하는 게 좋습니다. 물통의 위치가 조금이라도 높으면, 약간의 수압이라도 발생하게 되고, 이 수압을 사용하면 머신 가동에 도움이 됩니다.

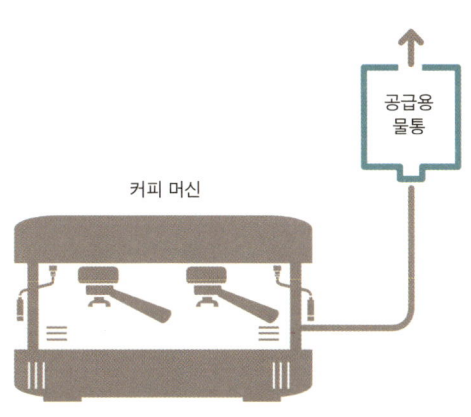

반드시 공기 구멍이 있어야 합니다.

공급용 물통

커피 머신

야외에서 물통을 이용해 급수할 때, 물통은 커피 머신보다 높은 위치에 설치하는 게 좋습니다.

커피 머신 일반

커피 추출

　　커피 머신은 커피를 추출하는 장비입니다. 그런데 그간의 경험을 보아도, 커피 추출에 문제가 생겨 다급한 상황이 되는 경우가 종종 있습니다. 사례도 참 다양합니다. 커피 추출 버튼을 눌렀는데, 아예 커피가 추출되지 않거나, 추출 속도가 느리고, 커피 추출수가 사방으로 분사되거나, 추출되는 양이 다르기도 합니다. 그룹 헤드와 포터 필터 주위에서 물이 새기도 합니다. 카페 현장에서 일어나는 다양한 사례들을 정리하고, 간단한 수리 방법을 소개합니다.

커피 추출 버튼을
눌러도 커피가
추출되지 않아요.

특정 버튼 한두 개만 눌리지 않을 경우

여러 개 버튼 중 특정 버튼만 동작 불량일 경우는 버튼 자체의 문제일 확률이 높습니다. 분해해서 스위치에 접점 부활제를 뿌려 재생을 해 보고, 그래도 버튼이 불량이면 버튼부만 구입해서 교체해야 합니다. 정확하게 확인하려면 오른쪽과 왼쪽의 버튼 뭉치를 바꾸어 테스트를 해야 합니다. 바꾸었을 때 정상 가동이 된다면, 이전 것은 불량이 확실한 것입니다. 바꾸어도 정상 가동이 안 되면, 다른 문제를 점검해야 합니다. 기본적으로 버튼 연결 잭의 단선이나 접촉 불량도 함께 확인해야 합니다

왼쪽이나 오른쪽 중 한 그룹의 버튼 전체가 추출되지 않을 경우

1단계_ 버튼의 라인을 따라서 메인 기판에 꼽힌 잭부터 버튼까지의 연결 상태를 확인하고 잭을 다시 끼워 봅니다. 정상 동작 여부를 확인한 후에 다음 단계를 진행합니다.

2단계_ 그룹 헤드 부분의 3 way 솔레노이드를 확인해야 합니다. 추출 버튼을 눌렀을 때 솔레노이드 내부에서 '철컥' 하는 느낌을 확인할 수 있습니다. 테스터를 사용해 전압이 솔레노이드에 인가되는지 확인하는 게 제일 확실하지만, 테스터 없이 간단하게 전원의 인가 여부를 소리나 느낌으로 확인할 수 있습니다.

소리나 느낌의 반응이 솔레노이드에 오지 않는다면 솔레노이드 자체 코일에 문제가 있을 수 있습니다. 확인 방법은 다른 그룹의 솔레노이드 코일과 바꾸어 봅니다. 2그룹 커피 머신은 양쪽 그룹 헤드에 같은 솔레노이드가 나란히 위치해 있습니다. 솔레노이드 코일을 서로 바꾸어 교체해 보세요. 교체하였을 때 안 되던 곳이 정상 작동이 된다면 해당 솔레노이드 코일만 구입해서 교체하면 되겠습니다. 정상 동작 여부를 확인한 후에 다음 단계를 진행합니다.

3단계_ 다음은 메인 기판에 꼽혀 있는 버튼 잭을 왼쪽 그룹과 오른쪽 그룹 잭을 바꾸어 봅니다. 바꾸고 추출 버튼을 누르면 반대쪽에서 물이 나오게 됩니다. 만약 불량이던 그룹의 버튼이 정상 동작을 한다면 메인 PCB의 이상일 확률이 높습니다. 이 경우 전문가에게 의뢰하는 것이 좋습니다.

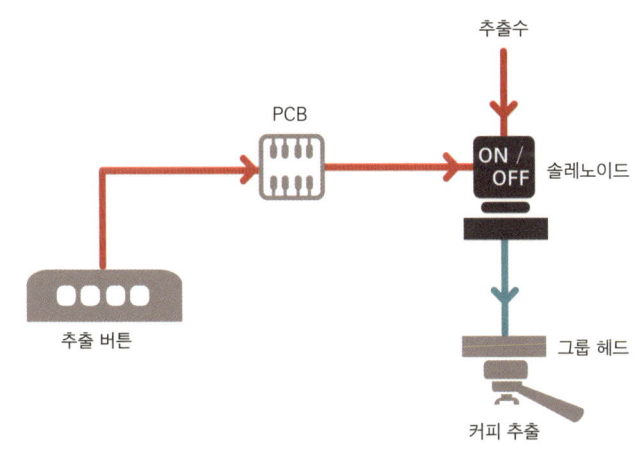

커피를 추출할 때 한쪽 그룹 추출량이 전혀 다르게 추출됩니다.

커피의 추출량을 조절하는 장치는 플로 미터(Flow Meter)이며, 유량계라고도 합니다. 플로 미터는 커피가 추출되는 그룹 헤드마다 하나씩 장착되어 있으며, 물의 흐름을 감지하여 추출량을 조절해 줍니다. 플로 미터의 원리는 초기 급수물이 플로 미터로 들어가 내부에 있는 임펠러(impeller)를 회전시킨 후에 그룹 헤드 방향으로 빠져나갑니다. 유량계에는 입수되는 쪽과 출수 되는 쪽의 방향이 표시되어 있습니다. 바람개비 모양의 임펠러에는 전자석 2개가 부착되어 있는데, 이 전자석과 플로 미터 상부 뚜껑에 있는 픽업 코일의 상호 작용으로 임펠라의 회전수 즉, 물량을 체크한 데이터가 메인 보드(PCB)에 전해집니다. 메인 보드 내에서 버튼마다의 바리스타가 원하는 물량 데이터가 저장되는 것입니다.

그룹 헤드부에 이상이 없는 조건에서, 유량계의 이상 체크는 다음과 같은 순서로 합니다.

1단계_잭, 연결선 체크
유량계에 부착되어 있는 잭으로부터 메인 기판에 이르기까지의 잭을 분리하고, 연결선에 문제가 없는지 점검하고 다시 부착합니다. 정상 동작 여부를 확인한 후에 다음 단계를 진행합니다.

2단계_플로 미터의 분해와 청소
플로 미터를 분해해서 픽업 코일과 임펠라 등의 이물질이나 스케일을 깨끗하게 청소한 후에 다시 조립합니다. 이때 임펠라가 원활하게 돌아가는지 확인합니다. 또한 유량계의 입수구와 출수구에 미세한 구멍(약1mm~2mm)이 있습니다. 임펠라가 잘 돌 수 있도록 입수구는 구멍이 작고, 출수구는 약간 더 큽니다. 구멍이 막히지 않았는지 살펴보고, 가느다란 철심 등을 이용해 깨끗하게 청소합니다. 정상 동작 여부를 확인한 후에 다음 단계를 진행합니다.

3단계 _ 픽업 코일 교환해서 체크하기
유량계 상부 코일 즉 픽업 코일을 왼쪽 그룹과 오른쪽 그룹을 서로 교환해 봅니다. 교체 결과 비정상적이던 곳의 추출이 정상 동작된다면 픽업 코일을 교체해 주면 됩니다. 정상 동작 여부를 확인한 후에 다음 단계를 진행합니다.

4단계 _ 메인 기판 체크
위 순서대로 진행한 후에도 동작 불량이 지속될 경우, 메인 기판이 불량일 확률이 높습니다. 전문가에게 의뢰하여 주시기 바랍니다.

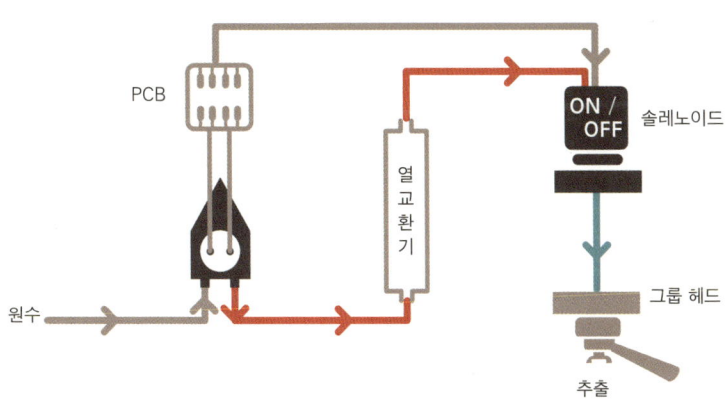

에스프레소 투 샷 추출 시 한쪽 잔에서 나오는 양이 차이가 납니다.

추출량이 다른 이유는 여러 가지입니다. 다음 단계에 따라 확인해 보세요.

1단계_ 머신의 수평이 맞지 않아 기울어 있다면 수평을 정확히 맞추어야 합니다. 머신의 다리 4개를 조정하거나 받침 등을 이용해 수평을 맞춰 줍니다. 수평자를 이용하면 편리합니다.

2단계_ 탬핑의 불량으로 인해 발생할 수도 있습니다. 바리스타의 정확한 탬핑 테크닉이 중요합니다. 물이 분쇄 원두를 뚫고 나올 때 탬핑이 약한 부위로 물길을 내고 한쪽으로 더 많이 추출될 수 있기 때문입니다.

3단계_샤워 스크린의 한쪽에 이물질이 끼었을 경우도 추출이 다르게 될 수 있습니다. 샤워 스크린을 주기적으로 청소하고 관리해야 합니다.

4단계_포터 필터 내부가 이물질로 막혀 있는 경우에도 이런 현상이 나타납니다. 정기적으로 포터 필터를 청소해야 합니다.

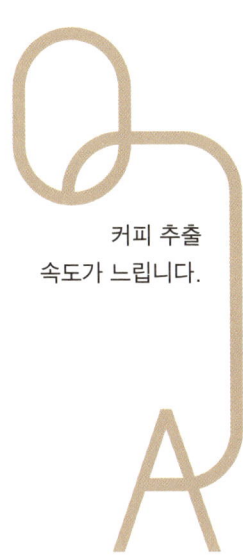

커피 추출
속도가 느립니다.

커피 추출량과 속도는 분쇄된 원두와도 관계가 있습니다. 원두가 설정 값보다 너무 곱게 분쇄되면 추출 속도가 느려지게 되고, 반대로 너무 거칠게 분쇄되면 추출 속도가 빨라집니다. 분쇄도가 밀가루처럼 곱다면 추출이 되지 않고 수십 초 이상이 되어서야 조금씩 나오게 됩니다. 이런 경우는 양쪽 그룹 헤드 모두에서 동일하게 이런 증세가 나타날 것입니다. 초보자의 경우, 분쇄도 문제로 추출 시간이 지연되는 경험을 많이 하게 됩니다.

예를 들어, 포터 필터의 한쪽 바스켓에 모래를 넣고, 다른 바스켓에는 진흙을 넣었다고 가정해 봅니다. 두 바스켓에 물을 통과시키면, 모래에는 물이 빠르게 통과될 것이고 진흙에는 물이 통과하기가 힘이 들 것입니다. 늘 정확하게 분쇄를 할 수 있도록 지속적으로 훈련하고, 메시 조절에도 관심을 가져야 하겠습니다.

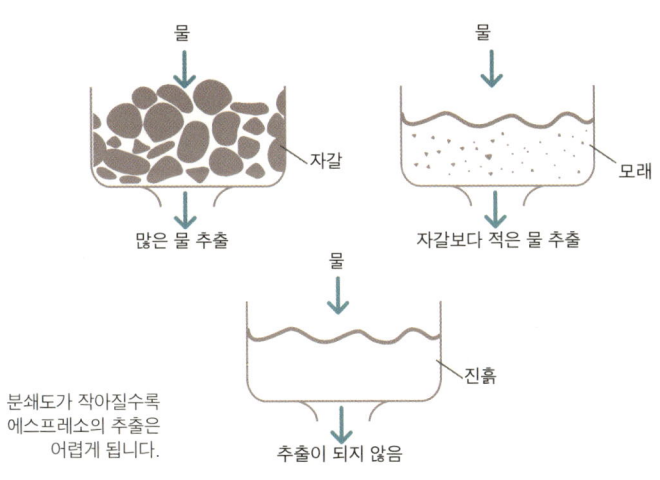

분쇄도가 작아질수록 에스프레소의 추출은 어렵게 됩니다.

커피 추출

Q 추출 버튼에 컵이 여러 개 있습니다. 기능이 어떻게 다른가요?

A 추출 버튼의 이미지는 머신마다 다르게 5~6개가 그려져 있습니다.

통상 제일 오른쪽 버튼이 연속 추출 버튼입니다. 연속 추출 버튼은 누르면 추출이 시작되고, 바리스타가 다시 버튼을 눌러야만 중지가 됩니다. 그 외에 버튼마다 컵의 모양이나 크기, 개수가 다르게 그려져 있지만 사실상 같은 기능의 버튼입니다. 다만 바리스타가 버튼마다 원하는 추출량을 설정해 저장할 수 있도록 버튼을 여러 개 만들어 놓은 것이죠. 그리고 머신마다 다르지만 추출 버튼 부위에 온수 버튼이 있는 경우도 있습니다. 전자식 온수 추출 버튼일 경우에 버튼식이 사용되는 것이며, 수동 온수 개폐식은 전자식 버튼이 필요가 없습니다. 수동식은 물리적으로 개폐기를 손으로 돌려서 온수를 추출하게 됩니다.

커피 추출 버튼에 잔 표시가 보입니다. 버튼마다 컵의 모양이나 크기, 개수가 다르게 그려져 있지만 사실상 같은 기능의 버튼입니다.

추출 버튼을 누르면 딸깍 하고 꺼졌다가 다시 켜집니다. 고장인가요?

프리 인퓨전(pre-infusion) 기능 때문입니다. 이 기능을 잘 모르고 고장으로 착각하여 문의를 해 오는 경우가 많습니다. 고장이 아니고, 커피를 정산적으로 추출하기 위한 기능입니다. 프리 인퓨전 기능은 커피 추출을 위한 추출수를 공급하기 전에 일시적으로 약 1.5초 정도 미리 물을 뿌려 커피를 적셔 주는 것을 말합니다. 이렇게 커피 추출 전에 분쇄된 원두를 미리 적셔 주면, 물길이 쉽게 열리고, 물 흐름도 고르게 유도할 수 있습니다. 드립 커피를 내릴 때 역시 최초 적셔 주기를 하고 나서 드립을 하는 것처럼, 인퓨전 기능은 커피의 뜸을 들이는 과정이며, 커피의 향과 맛을 더욱 좋게 합니다.

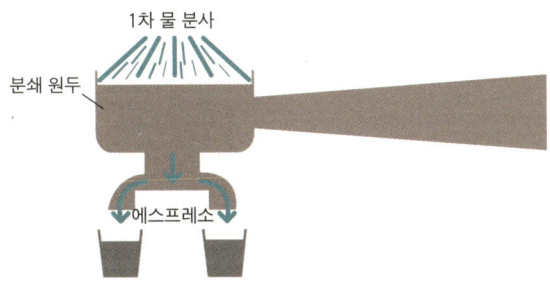

1차적으로 물을 적셔 주게 되면 물길이 고루 퍼져 안정적으로 추출될 수 있으며, 뜸 들이는 원리로 맛에도 영향을 주게 됩니다.

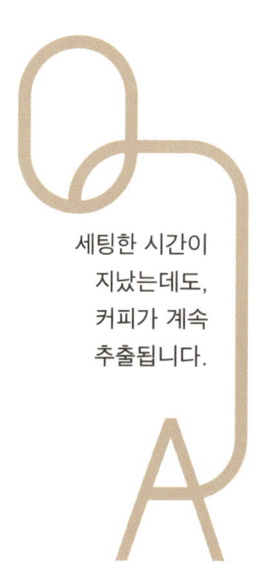

세팅한 시간이 지났는데도, 커피가 계속 추출됩니다.

플로 미터(Flow Meter)를 점검해야 합니다. 물이 유입되지 않도록 차단을 한 후에, 플로 미터의 캡(뚜껑)을 분리합니다. 플로 미터 안에는 작은 바람개비 모양의 회전 날개(임펠러)가 있으며, 이 회전날개에 전자석 2개가 박혀 있는 것이 보입니다. 손가락이나 드라이버 등을 이용해 회전 날개를 돌려 봅니다. 별 무리 없이 잘 돌아가야 하는데, 이물질이나 스케일이 끼면 회전이 원활하지 않게 됩니다.

상부의 픽업 코일이 끊어져도 추출이 멈추지 않고 계속됩니다. 상단 픽업의 코일 단락 여부를 확인할 수 있는 방법이 있습니다. 2그룹의 경우, 그룹 헤드마다 플로 미터가 붙어 있으니, 서로 바꾸어서 확인을 하면 됩니다. 왼쪽 플로 미터의 고장이 의심될 경우, 오른쪽 플로 미터를 왼쪽에 옮겨서 추출이 정상적으로 되면, 왼쪽 플로 미터의 고장입니다. 이런 경우 플로 미터를 구입해서 교체하면 됩니다.

윤랩이 제작한 교육용 커피 머신. 플로 미터 내부를 들여다볼 수 있습니다.

커피 추출 버튼을 눌렀는데, 커피 추출수가 사방으로 분사됩니다.

포터 필터에 분쇄된 원두를 넣고, 그룹 헤드에 장착을 한 후에 커피를 추출하게 됩니다. 그룹 헤드에서 나온 커피 추출수가 포터 필터의 분쇄된 원두를 통과하면서 커피를 추출하게 되는 것이지요. 그룹 헤드에 있는 샤워망(또는 샤워 스크린)은 분쇄된 원두에 물을 고르게 통과(분사)시켜 커피 맛을 균형 잡히게 하는 역할을 합니다. 이 샤워망의 미세한 부분들이 막히거나 훼손되면 물이 사방으로 튀어나가게 됩니다. 이럴 때는 샤워망을 분해해서 세정제로 불려 깨끗이 청소를 해주어야 합니다.

샤워망은 2중으로 되어 있으며 정기적인 청소를 하지 않을 경우 커피 찌꺼기가 망 속에서 굳어 추출에 지장을 주며 추출수가 고루 떨어지지 못하고 사방으로 분사되게 됩니다. 세척으로 해결되지 않을 경우 샤워망을 교체해 주어야 합니다.

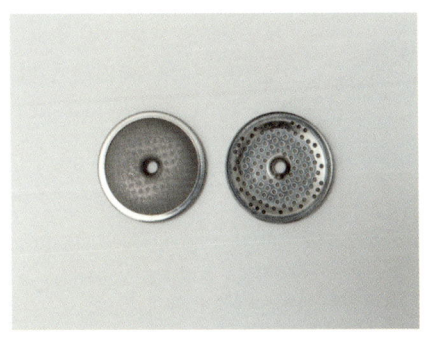

커피를 추출하거나 물이 머신으로 들어갈 때 모터에서 굉음 소리가 납니다.

물 공급이 원활하게 되지 않는 경우입니다. 우선, 물이 공급되는 경로를 살펴보겠습니다.

싱크대 내부의 초기 물 공급 부분을 점검합니다. 싱크대 내부에 있는 잠금 밸브가 열려 있는지 확인합니다. 싱크대 내부에서 커피 머신까지 연결되는 수도 호스도 다시 확인합니다. 간혹 싱크대 내부의 호스가 꺾여 있어서 물이 공급되지 않는 경우가 있습니다.

수돗물이 커피 머신까지 들어오는 과정에 수도 호스가 접히거나 꺾인 부분이 있는지부터 확인합니다. 커피 머신을 옮기거나 청소를 하는 과정에서 수도 공급 호스를 잘못 건드려서 종종 발생하기도 합니다.

특히 추운 혹한기에는 외부에서 공급되는 수도 호스가 결빙되는 경우도 종종 있습니다. 수도 공급 호스가 얼었을 경우에는 헤어드라이어로 천천히 녹여 주면 됩니다. 이때 급히 녹이려고, 강한 열풍을 순간적으로 가하게 되면, 호스가 터지거나 훼손되는 경우가 있으니 주의해야 합니다.

수도 호스에 이상이 없으면, 물이 입수되는 2 way 물 공급용 솔레노이드를 확인합니다. 먼저 솔레노이드에 전원이 공급되는지부터 확인합니다. 테스터로 전원 인가를 확인할 수 있지만, 손으로 만져서 확인할 수 있습니다. 전원이 인가되었을 때 솔레노이드 뭉치를 만졌는데, 아무런 반응(느낌)이 없으면, 솔레노이드 내부에 있는 코일이 단락되어(끊어져) 전원이 공급되지 않거나 전원 공급에 문제가 있는 것입니다. 전원이 공급될 경우 '

철컥'하는 소리가 나며, 미세한 진동을 느낄 수 있습니다.

솔레노이드에 전원이 제대로 공급되는데도 물이 공급되지 않는 경우에는, 솔레노이드를 분해합니다(그림 참조). 솔레노이드 내부에 스케일이 끼었는지, 다른 이물질로 막혀 있는지 확인합니다. 솔레노이드 내부에는 아주 작은 구멍이 있으며 이 부분의 막힘 여부를 확인하고 이 근처에 스케일이 끼거나 이물질로 막혀 있는 경우 물의 흐름을 원활하게 하기 위해 깨끗이 세척해 주어야 합니다.

모터 자체의 모터 헤드가 불량인 경우에도 굉음이 생깁니다. 모터 헤드의 내부에 있는 베어링이 마모되거나 모터 헤드가 뻑뻑해지면 모터가 돌 때 부하가 걸려 돌지 못하고 굉음이 발생하게 됩니다. 이럴 때는 모터 헤드를 교체하면 됩니다. 모터 헤드 연결 고리부의 볼트를 풀고, 입수부와 출수부의 연결구를 풀어 교체하면 됩니다.

다음은 모터 후단의 물 공급이 막히면서 굉음이 생길 수 있습니다. 모터 후단에 물 잠금 장치가 열려 있는지 확인합니다.

2 way 솔레노이드 분리

커피 추출 버튼을 눌렀는데, 포터 필터 윗부분에서 물이 새어 나옵니다.

그룹 헤드와 포터 필터를 연결하는 부분에 물이 새는 것을 방지하는 그룹 개스킷이 있습니다. 말랑말랑한 고무 재질입니다. 이 개스킷이 딱딱하게 굳거나 훼손되면 물이 샙니다. 샤워망을 드라이버나 육각 렌치 등으로 분해한 후에 개스킷을 송곳으로 빼내서 점검합니다.

보통 그룹 헤드의 개스킷과 샤워 스크린은 1년에 서너 번 정도, 분기마다 교체하는 게 좋습니다. 특히 포터 필터는 매일 청소하고 주기적으로 정비를 해야 합니다. 커피 추출의 마지막 단계에서 커피 맛에 영향을 주는 주요 부품이기 때문입니다.

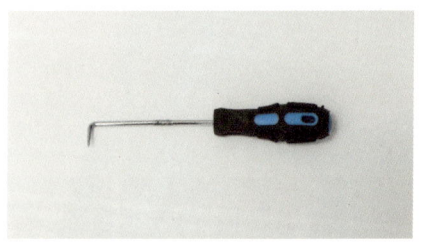

그룹 헤드에서 개스킷을 분리할 때는 기역 자 모양의 송곳을 사용하면 편합니다.

그룹 헤드 개스킷은 고무 재질입니다. 개스킷이 딱딱해지면 물이 새게 되고, 커피 맛에 영향을 주게 됩니다.

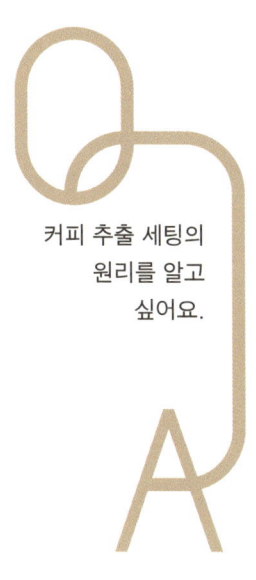

커피 추출 세팅의 원리를 알고 싶어요.

커피 머신의 추출 세팅의 원리는 전자석의 회전 움직임을 코일 자계가 읽어 그것을 메인 보드에 전하여 타임을 저장하는 방식을 채용하고 있습니다. 머신에서 플로 미터(유량계)가 바로 그 원리에 의해 개발되었습니다.

플로 미터 내부의 임펠러 사이에 전자석 2개가 있습니다. 플로 미터의 윗뚜껑에는 코일 뭉치가 감겨 있습니다. 코일의 케이블은 메인 보드(PCB)로 연결이 되어 있어 회전 신호를 저장하게 됩니다. 이 저장 신호에 따라 추출 시간을 세팅할 수 있습니다.

그러므로 코일이 끊어지거나 케이블이 끊어지면 추출 시간이 세팅 되지 않습니다. 임펠러 내부에 이물질 등이 끼여 회전이 제대로 되지 못해도 세팅 동작은 이루어지지 못합니다.

플로 미터의 회전수에 의해 추출량이 저장됩니다.

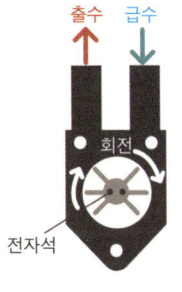
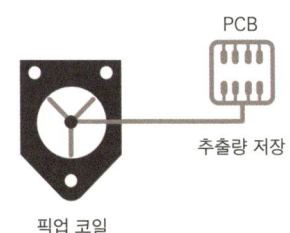

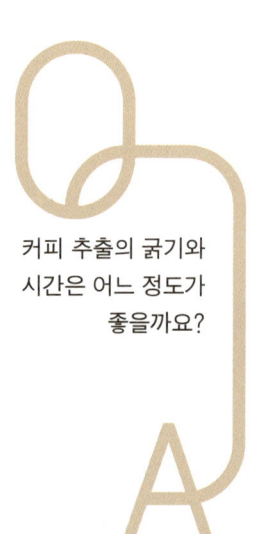

커피 추출의 굵기와 시간은 어느 정도가 좋을까요?

 에스프레소의 추출 굵기는 분쇄 원두의 입자와 비례합니다. 일반적으로 원두를 분쇄할 때, 입자 굵기는 밀가루보다는 굵어야 하며 설탕보다는 가늘어야 합니다. 그러나 설탕과 밀가루 사이의 굵기조차 세밀히 분석해 보면 범위가 상당히 넓다고 할 수 있습니다.

 필자의 경험에 비추어 보면 추출되는 커피의 굵기는 2mm 정도가 좋습니다. 요구르트나 음료를 마실 때 사용하는 작은 빨대 굵기 정도입니다. 추출 시간은 25초 내외로 30ml를 추출하는 것이 보편적인 추출입니다. 위 내용을 참고로, 바리스타의 각자의 다양한 추출 기준에 따라 최고의 에스프레소를 내리기 위한 노력이 필요합니다.

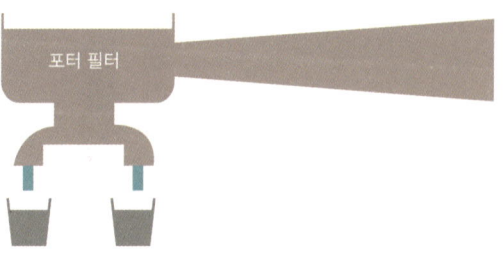

일반적으로 에스프레소의 굵기가 2mm 정도가 되도록 분쇄도를 조정하는 게 좋습니다.

커피 추출 시간에 따른 커피 맛의 차이를 알고 싶어요.

커피 추출 시간에 따라서 초기에는 신맛으로부터 단맛, 쓴맛 순으로 추출이 됩니다. 커피 추출량에 따라서 부르는 명칭도 구분됩니다. 한 잔에 30ml를 추출하면, 우리가 일반적으로 이야기하는 에스프레소라고 부르며, 그보다 적은 20ml를 추출하면 리스트레토(Ristretto), 그보다 더 많은 40ml를 추출하면 룽고(Lungo)라고 부릅니다. 리스트레토는 신맛이 강하고, 룽고는 쓴맛이 강합니다. 같은 분쇄 커피라도 시간과 추출량을 이렇게 달리 할 수 있고, 그 맛의 차이도 확연합니다. 경험과 노하우가 많은 바리스타는 이러한 원리를 이용해 자신의 개성 있는 커피를 제조하게 됩니다.

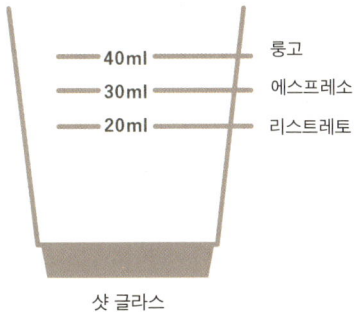

샷 글라스

아메리카노 바닥에
커피 가루가 남아요.

아메리카노를 마시고, 잔을 확인하면 바닥에 약간의 미세한 커피 가루가 보이는 경우가 흔히 있습니다. 그 양이 적을 경우는 별 문제가 없지만, 심한 경우는 포터 필터의 바스켓 이상을 확인해 보아야 합니다.

바스켓 재질은 튼실해 보이지만, 사용이 잦다 보면 압력이 계속 가해지는 부분인 바스켓의 구멍이 넓어지게 됩니다. 그렇게 되면 분쇄 원두 분말이 이 구멍을 통해 지나치게 많이 배출되고, 커피 맛도 변하게 됩니다. 또한 분쇄된 원두가 너무 미세한 경우에도 구멍을 너무 많이 통과하게 되어 이러한 현상이 생깁니다.

정기적으로 바스켓을 점검해야 하며, 그라인더의 입자 조절을 다시 확인하고 조치를 취해야 합니다.

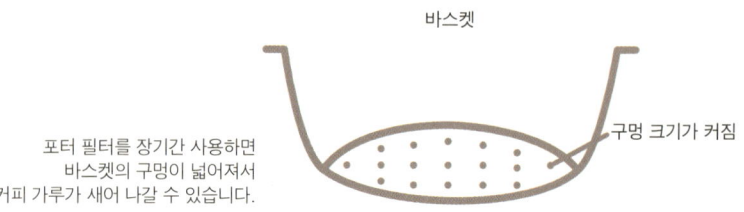

포터 필터를 장기간 사용하면
바스켓의 구멍이 넓어져서
커피 가루가 새어 나갈 수 있습니다.

바스켓

구멍 크기가 커짐

열수 흘리기는 왜 해야 하는가요?

커피 머신의 보일러에서 머신을 한동안 사용하지 않다가 커피를 추출하게 되면, 커피 추출수 온도가 적정 온도보다 높을 수 있습니다. 추출수의 온도는 90~96°C가 적당하다고 하는데, 온도가 너무 높으면 커피에서 쓴맛과 특이한 냄새가 납니다.

이 단점을 보완하기 위해 커피를 추출하기 전에 3~5초 정도 뜨거운 추출수를 빼내게 됩니다. 이를 열수 흘리기라고 합니다. 열수 흘리기를 하면 그 양만큼 찬물이 열교환기에 유입되어 그룹 헤드를 통과할 때 추출수 온도가 적당하게 떨어집니다.

단일형 보일러에서 머신을 사용하지 않는 대기 시간에는 커피 추출수가 보일러와 같이 높은 온도로 올라가게 됩니다. 버튼을 눌러 열수 흘리기를 하면, 배출해 버리는 열수의 양만큼 찬물이 열교환기로 유입되고, 찬물에 의해 온도가 조금 낮아지면서 커피 추출에 적당한 추출 온도가 되는 것입니다.

Q 포터 필터를 그룹 헤드에 끼울 때 힘은 어느 정도 가해야 할까요?

A 보통 남자 바리스타들이 그룹 헤드에 강한 압력을 가해서 개스킷(고무 패킹)의 수명이 짧아질 것 같지만, 의외로 여성 바리스타들이 더 강하게 채우게 됩니다. 여성들은 힘이 부족하다고 여겨서인지, 양손을 이용해 있는 힘껏 돌려 채우는 경우가 많기 때문입니다. 즉 무리하게 양손의 힘을 가하다 보니 포터 필터와 헤드에 무리한 힘이 가해지고, 개스킷의 수명을 단축시키게 됩니다.

원론적으로는 포터 필터가 고무 개스킷에 압력을 가할 때 물이 새어나가지 않을 정도만 채워 주셔도 됩니다. 추출물이 새지 않는 정도로 채우는 것이 이상적이며, 그래야 관련 부품을 고장 없이 오래 사용할 수 있습니다. 지나치게 강하게 돌리게 되면 포터 필터, 바스켓, 그룹 헤드 개스킷 모두에 좋지 않은 영향을 주게 됩니다.

포터 필터를 그룹 헤드에 장착할 때 너무 강한 힘을 가하면 개스킷이 쉽게 마모됩니다. 물이 새지 않을 정도의 적당한 힘을 가하여 장착하여야 합니다.

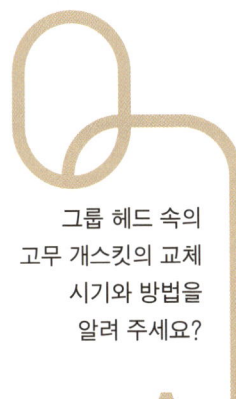

Q 그룹 헤드 속의 고무 개스킷의 교체 시기와 방법을 알려 주세요?

A 일반적으로 개스킷은 포터 필터를 끼고 돌렸을 때 약간의 쿠션이 느껴져야 합니다. 일자 드라이버 등을 이용해 개스킷을 눌러 보았을 때도 약간의 쿠션이 느껴져야 합니다.

개스킷에서 쿠션이 느껴지지 않고, 투박하거나 약간 딱딱한 느낌이 들면 교체할 때가 된 것입니다. 특히 딱딱한 돌 같은 느낌까지 들면 이미 교체 시기가 지난 경우입니다.

개스킷을 교체할 때는 전용 송곳을 이용해서 개스킷의 고무 가운데를 찌른 후에 빼내면 됩니다. 그룹 헤드 내부의 이물질 등을 제거하고, 깨끗하게 청소를 한 후에 새 개스킷을 키워 주면 됩니다.

평소 커피를 추출할 때, 청소할 때 개스킷의 쿠션감을 염두에 두고 점검하는 습관을 들여야 합니다. 그래야 교체 시기를 놓치지 않고, 적절한 시기에 맞춰 교체를 할 수 있습니다. 관련 부품의 안전을 위해서라도 적절한 시기에 교체해 주어야 합니다.

고무 개스킷(맨 오른쪽)을 눌러서 쿠션이 느껴지지 않고 딱딱하면 교체해야 합니다.

Q 샤워 스크린을 분해하려는데, 볼트가 빠지지 않아요.

A 카페 운영 현장에서 자주 발생하는 현상입니다. 교체 시기가 오래 지나면 볼트(나사)가 나사산 속에 심하게 들러붙어서 볼트가 돌아가지 않게 됩니다. 이럴 때 볼트를 강제로 돌리면 볼트가 손상이 됩니다.

이런 경우는 샤워 스크린을 일자 드라이버를 이용해 휘게 한 후에 플라이어로 잡고 볼트가 풀려지는 방향으로 회전시키면, 샤워 스크린 전체와 볼트가 같이 회전하며 풀립니다. 무리한 힘을 가해 억지로 나사를 돌리지 말고, 이런 요령으로 정확하게 작업을 해야 합니다.

샤워 스크린 가운데에 있는 나사가 잘 빠지지 않을 때는 샤워 스크린을 휘게 한 후 시계 반대 방향으로 개스킷을 잡고 회전시키며 빼냅니다.

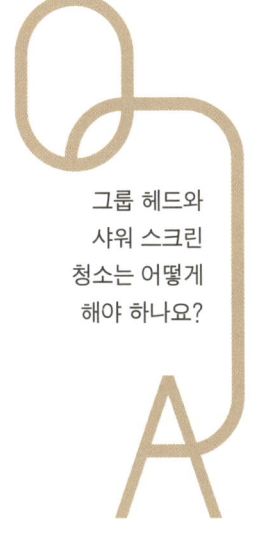

그룹 헤드와 샤워 스크린 청소는 어떻게 해야 하나요?

먼저 전원을 확인하고 꺼 줍니다. 포터 필터를 떼어 내고, 그룹 헤드를 살펴봅니다. 그룹 헤드가 뜨겁기 때문에 온도가 떨어지기를 기다리거나 장갑을 낀 후에 작업합니다.

샤워 스크린 가운데에 있는 나사를 드라이버를 사용해 풀어 줍니다. 나사를 제거한 다음에 샤워 스크린(샤워망)을 떼어냅니다. 커피와 접촉하는 부분이니 찌꺼기가 끼거나 변색되고, 심하면 녹이 슬기도 합니다. 샤워 필터를 떼어 내고 보면, 나사를 떼어 낸 구멍과 온수가 나오는 구멍이 보입니다.

구멍 주위와 그룹 헤드 내부를 깨끗이 청소합니다. 빼낸 샤워망은 온수에 전용 세제를 풀고, 샤워 스크린 필터를 담가 둡니다. 두세 시간 이상 지나면 찌든 때가 빠집니다. 샤워 스크린을 빛이 오는 방향으로 들어서 살펴보면, 구멍이 막힌 부분을 확인하기 쉽습니다. 머신 전용 청소용 솔로 샤워 스크린 앞뒤를 다시 깨끗하게 구멍 부분까지 확인하면서 세척합니다.

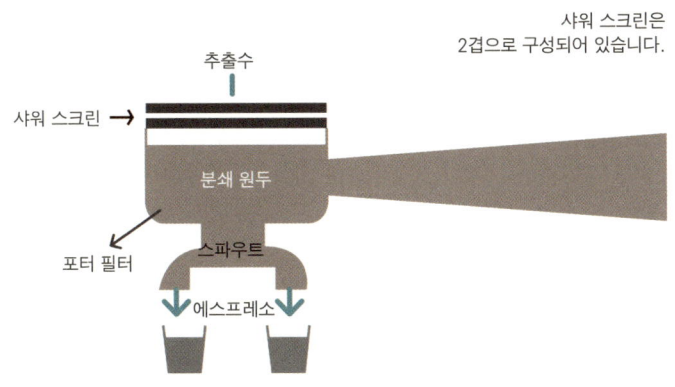

샤워 스크린은 2겹으로 구성되어 있습니다.

Q 포터 필터 청소는 어떻게 해야 하나요?

A 포터 필터에서 커피가 추출되는 부분을 스파우트라고 합니다. 보통 1잔용은 1구 스파우트, 2잔용은 2구 스파우트를 사용합니다. 커피가 추출되는 스파우트 안쪽을 깨끗하게 세척하는 게 중요합니다.

우선 스파우트를 돌려서 풀어 줍니다. 스파우트 안쪽을 들여다보면, 커피가 추출되면서 남은 찌꺼기가 달라붙어 있는 경우가 많아 더럽습니다. 심한 경우 녹이 슬어 있기도 합니다. 바스켓도 살펴봅니다. 솔이나 청소 용품으로 스파우트와 바스켓, 포터 필터 내부 등을 구석구석 깨끗하게 닦아낸 후에 온수에 전용 세제를 풀고 푹 담급니다. 두세 시간 지나면 찌꺼기들이 분해되면서 물 색깔이 변하는 것을 확인할 수 있습니다. 아주 심한 경우는 하루 정도 담가 주면 좋습니다.

찌꺼기나 때가 덕지덕지 묻어 있으면 머신 전용 청소용 솔을 사용해 문질러서 긁어내면 좋습니다. 최소 1주일에 한 번 정도는 이렇게 청소하기를 권합니다. 이때 바스켓을 잡아주는 스프링도 함께 빼내 청소해 주어야 합니다.

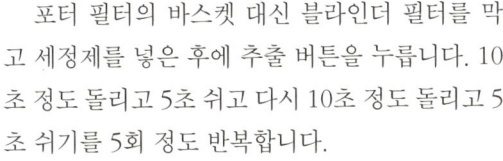

블라인더 필터를 이용해 청소하는 방법을 알려주세요.

포터 필터의 바스켓 대신 블라인더 필터를 막고 세정제를 넣은 후에 추출 버튼을 누릅니다. 10초 정도 돌리고 5초 쉬고 다시 10초 정도 돌리고 5초 쉬기를 5회 정도 반복합니다.

청소가 끝나면 포터 필터를 빼낸 후에, 일정량의 추출을 통한 물 빼기를 해 주어야 합니다. 일정량의 물 빼기가 끝난 후에 빈 블라인더를 막고 세정제 없이 추출 버튼을 눌러 일정량의 물이 내부에서 회전하도록 합니다. 이후 포터 필터를 빼내고 1분 정도 추출 버튼을 눌러 물을 빼내 줍니다.

바리스타마다 청소를 하는 방법이나 시간은 다를 수 있습니다. 지나치게 오랜 시간을 블라인더로 막고 청소하게 되면 모터나 기타 부품 등에 무리한 압력이 가해져 부품의 손상을 가져올 수 있습니다.

블라인더 필터에 세정제를 넣은 모습. 알약으로 된 세정제도 있습니다.

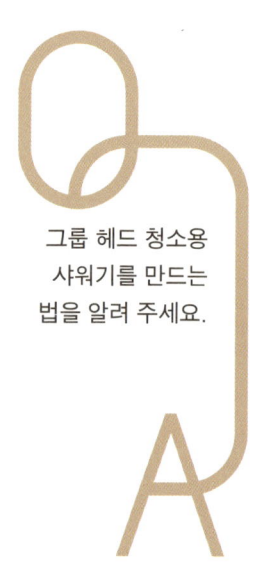

그룹 헤드 청소용 샤워기를 만드는 법을 알려 주세요.

그룹 헤드를 청소할 때 청소용 전용 샤워기를 설치해 사용하기를 권합니다.

헤드는 수시로 세척해야 하는 부분이고, 헤드 자체의 물을 이용해 청소를 하면 헤드 보일러 모터 등을 계속 사용하게 되고, 고장도 잦게 되어 머신의 수명까지 단축될 수 있기 때문입니다. 헤드 청소용 샤워기를 설치하면, 이런 고장을 예방할 수 있으며, 헤드를 청소하기 쉽고 편하기 때문입니다.

설치를 하려면, 3구 10mm-6mm 피팅, 호스 6mm 1미터, 잠금 밸브 6mm, 엘보 6mm를 준비합니다. 커피 머신에 연결된 물 호스를 끊고 3구 피팅을 연결하여 그림과 같이 설치하며, 청소를 할 때는 잠금 밸브를 열고 헤드에 물을 뿌려 주면서 청소를 합니다.

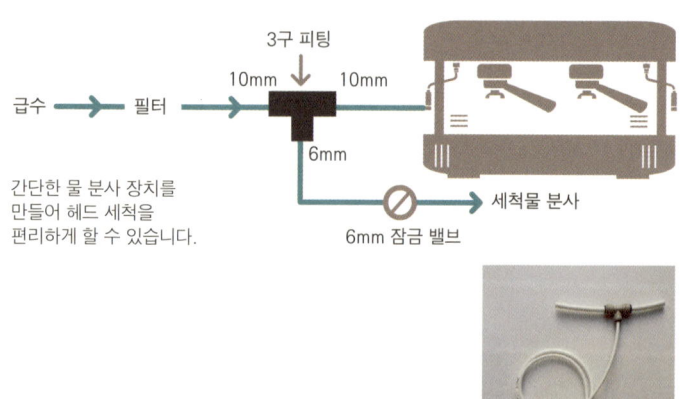

간단한 물 분사 장치를 만들어 헤드 세척을 편리하게 할 수 있습니다.

헤드 청소용 샤워기

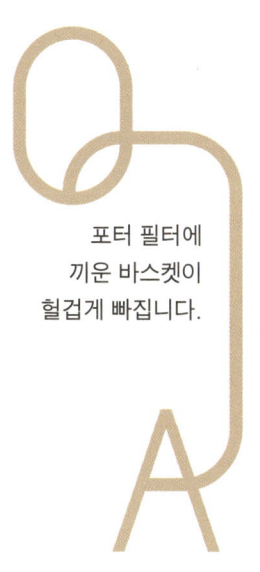

포터 필터에
끼운 바스켓이
헐겁게 빠집니다.

포터 필터에는 필터가 잘 빠지지 않게 고정을 시켜 주는 홀더 스프링이 있습니다. 이 스프링 와이어가 마모되거나 느슨해지면 바스켓을 잡아 주지 못해 헐겁게 되고, 쉽게 빠지게 됩니다. 이럴 때는 스프링 와이어를 조절하거나 교체해야 합니다.

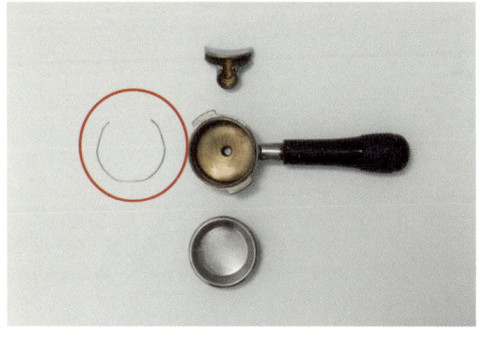

물 · 스팀

커피 머신은 물과 스팀 압, 수압을 이용합니다. 수도에서 정수기를 거친 물은 보일러를 비롯해 주요 부품들의 배관을 통해서 흐르며, 커피 추출에 사용됩니다. 보일러에서 물이 끓으면서 생긴 스팀 압은 우유를 데우는 데 사용되며, 수압은 커피를 추출하는 데 사용됩니다. 그러다 보니 물과 스팀 압에 관련된 고장이 자주 일어나게 됩니다. 정수기의 설치와 필터를 교체하는 방법, 스팀과 온수가 제대로 나오지 않거나, 보일러 부위의 연결 배관들을 비롯해 주요 부품들의 배관에서 물이 새어 나오기도 합니다. 스팀 압과 수압이 설정한 값보다 높거나 낮아서 문제가 되기도 합니다. 카페에서 자주 일어나는 다양한 고장 사례들을 정리하고, 그 수리 방법을 소개합니다.

Q 정수기 연결 피팅에서 물이 새는데, 어떻게 교체해야 하나요?

A 피팅(fitting)은 배관 자재 중의 하나로 파이프와 파이프 등을 연결해 줍니다. 정수기 물을 여러 배관로로 나누거나 보낼 때도 다양한 피팅이 사용됩니다.

피팅 주변에서 물이 새면, 호스가 피팅에 잘못 끼워졌거나 피팅 자체의 불량입니다. 먼저 피팅을 호스에서 분리해야 합니다. 그림과 같이 손가락으로 피팅의 돌출부를 꾹 눌러서 호스를 빼냅니다. 피팅을 다시 끼울 때는 피팅 속으로 약 7mm 정도, 피팅이 막힌 곳까지 넣어주면 됩니다. 이렇게 해서 물이 새지 않으면 다행이지만, 계속 물이 새면 피팅 불량이므로 규격에 맞는 것으로 교체해 주어야 합니다.

카페에서는 보통 10mm 선과 피팅이 사용되는데, 드물게 8mm인 경우도 있습니다. 수압이 낮은 곳에서는 반드시 10mm를 사용해야 하며, 수압이 높은 곳에서는 8mm도 무난합니다.

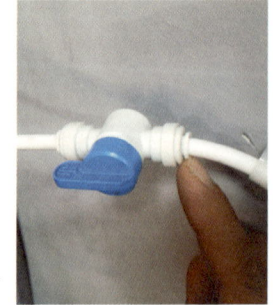

손가락 부분을 누르고 피팅을 뺀 후에 교체합니다.

온수에서 소독약
냄새가 납니다.

정수기를 확인합니다. 커피 머신에 사용되는 물은 정수기를 통해 불순물을 걸러 낸 물을 사용합니다. 정수기는 대개 커피 머신 아래 싱크대 안쪽에 있습니다. 정수기 필터는 통상 6개월에 한 번 정도 교체를 해야 하는데, 물의 사용량에 따라서 교체 시기를 정합니다. 교체 시기가 지나면 냄새의 변화와 함께 필터의 정수 능력이 떨어지면서 이물질도 끼게 되고, 정수 능력도 떨어져서 공급되는 물의 양도 줄게 됩니다. 또한 물을 소독할 때 사용한 염소 냄새가 나면서 커피 맛에도 영향을 줍니다. 물맛은 커피 맛에 직접 영향을 미치므로 항상 관심을 가져야 합니다.

필터 내부에 카본이 들어 있어
염소 냄새를 제거합니다.

에버퓨어 필터는 어떻게 교체하나요?

정수기에서 일반적으로 가장 많이 사용되는 필터가 에버퓨어입니다. 교체 전에는 반드시 싱크대 내에 원수 잠금 장치를 잠근 후 교체하여야 하며, 교체 후 다시 열어 놓아야 합니다.

우선 필터 소켓의 레버를 왼쪽으로 돌려 잠가 줍니다. 소켓에 끼어 있는 은색 에버퓨어 필터를 시계 반대 방향으로 회전시켜 아래로 내려 주면 필터가 소켓으로부터 이탈됩니다.

새 필터는 소켓 부위로 밀어 올려 넣은 후 시계 방향으로 돌려서 장착합니다. 필터 앞부분의 개폐 장치는 왼쪽으로 돌리면 잠기고, 오른쪽으로 돌리면 열리는 방향입니다. 점검 이후 물을 사용할 때는 반드시 오른쪽으로 열어 놓아야 합니다.

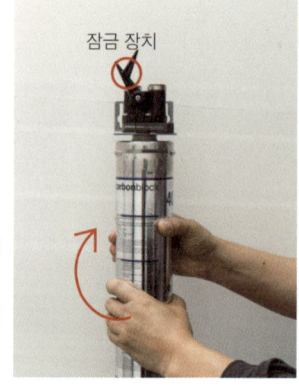

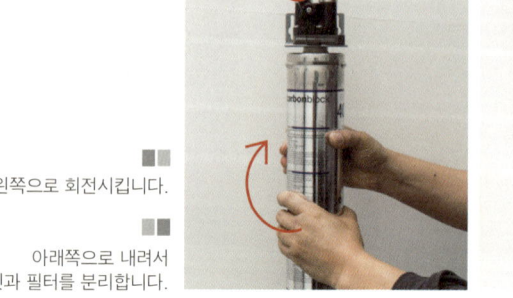

왼쪽으로 회전시킵니다.

아래쪽으로 내려서 소켓과 필터를 분리합니다.

정수 필터의 교체 주기를 알려 주세요.

정수기의 필터 수명은 환경에 따라 달라집니다. 예를 들면, 자동차 정화 필터의 경우 황사가 심한 곳과 청정 지역에서 필터의 오염도는 그 차이가 엄청날 겁니다. 물도 마찬가지입니다. 사용하는 물이 깨끗한 경우와 석회수가 나오는 지하수의 경우를 비교하면, 필터의 수명은 상당히 차이가 날 것입니다. 카페에서 사용하는 물에 관심을 가지고, 교체 주기를 점검하는 게 좋습니다.

하루 100잔 이상의 커피를 추출할 때 안전한 필터의 교체 주기는 3~4개월입니다. 그러나 매장 운영으로 바쁘다 보면 교체 시기를 놓치는 경우가 많습니다. 물 사용량이 적은 경우는 5~6개월 정도가 좋습니다. 하루 물 사용량이 수백 잔 이상이 되는 카페에서는 수시로 물맛을 체크해야 합니다. 소독 냄새가 나거나 물에서 불쾌한 맛이 나는지 수시로 체크하고, 필터를 교체해야 합니다. 필터의 교체 시기를 놓쳐 너무 오랫동안 사용하면, 커피 머신에 스케일이 생길 수도 있습니다.

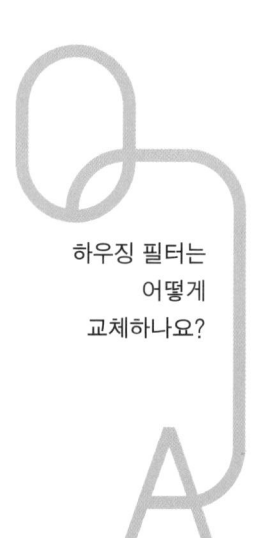

Q 하우징 필터는 어떻게 교체하나요?

하우징 필터는 일반적으로 3단으로, 1차 세디먼트 필터-(이물질 제거용)-2차 카본필터-3차 후카본 필터로 구성되어 있습니다. 카본은 보통 염소나 냄새를 제거하고, 맛에 영향을 주는 필터로 사용됩니다. 하우징을 열 때는 하우징 오프너를 별도로 구입해 시계 반대 방향으로 돌리면 풀립니다. 새로 교체할 필터를 넣은 후에 다시 하우징 오프너로 잠급니다.

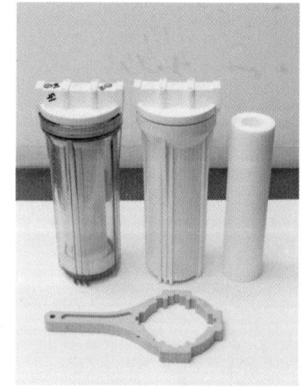

하우징 케이스와 오프너. 오프너를 이용해 시계 반대 방향으로 회전해 분리한 후 내부의 필터를 교체합니다.

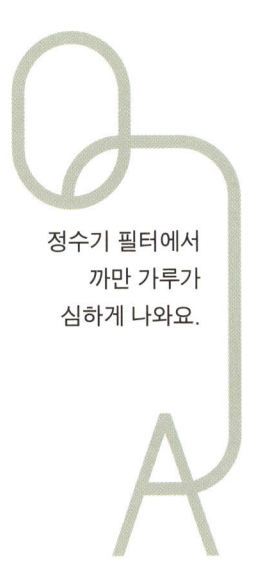

정수기 필터에서 까만 가루가 심하게 나와요.

필터 내부에는 카본이라고 하는 숯 성분이 가득 들어 있습니다. 필터의 입구와 출구에는 수지 성분으로 숯 성분의 분출을 막고 있는데, 수압 등으로 인해 수지 성분이 파열되면 숯가루가 분출됩니다. 이런 경우는 필터를 교체해 주어야 합니다.

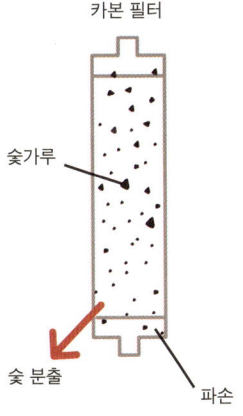

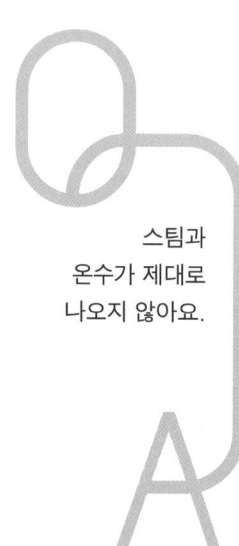

Q 스팀과 온수가 제대로 나오지 않아요.

A 보일러 내에 히터가 동작하지 않기 때문입니다. 통상 보일러는 전원을 넣어 전기 히터가 가열되고 10분~20분 정도 지나면 물 끓는 소리가 나면서, 온도가 올라가고, 스팀이 발생하게 됩니다. 스팀이 적정 압력까지 올라가면 압력 스위치가 전기 히터의 전원을 차단하게 됩니다(접점이 떨어짐).

압력 스위치는 미리 입력된 스팀 압력에 도달할 때까지 전원을 공급해야 합니다(접점이 서로 붙어 있어야 함). 압력 스위치를 점검하고 저온에서도 스위치가 접촉되어 있지 않다면 조정을 하거나 교체해 주어야 합니다.

압력 스위치가 제대로 작동하는데(접점이 서로 붙어 있는데), 전기 히터가 제대로 가열되지 않는 경우도 있습니다. 이럴 때는 과열 방지 스위치를 점검해야 합니다.

과열 방지 스위치가 OFF 상태이면, 스위치 해제 버튼을 강하게 눌러 ON 상태로 하면 해제가 됩니다. 과열 방지 스위치를 해제하기 전에는 물이 보일러에 완충되어 있는지를 꼭 확인해야 합니다. 물이 차 있지 않은 상태에서 보일러 내부의 히터가 과열되면 과열 방지 스위치는 OFF 상태로 전환됩니다.

머신에 따라서, 과열 방지 스위치 대신에 바이메탈 스위치를 채용한 경우도 있습니다. 바이메탈은 특수 금속으로 만들어지는데, 과열되면 접점이 떨어지면서 전원 공급을 해제하게 됩니다. 바이메탈 스위치를 해제하기 전에도 역시 물이 차 있는지를 확인해야 합니다.

■■
압력 스위치를
교체하기 위해 분해하려면 먼저
연결선(선재)을 분리해야 합니다.

■■
스팀 압을 설정할 때는
그림과 같이 일자 드라이버를
이용해 돌려서 설정 압력을 조정합니다.
설정 압력을 조정할 때는 압력 스위치를
분해하지 않고, 조정만 하면 됩니다.

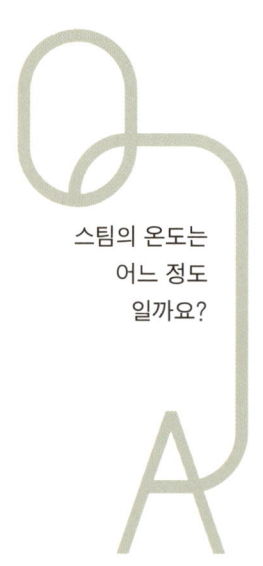

스팀의 온도는 어느 정도 일까요?

커피 머신 보일러의 용량은 보통 업소용 기준으로 작게는 8리터 내외에서 15리터 정도입니다. 이 보일러 내부에 물을 70% 정도 채워서 끓이게 됩니다. 나머지 30% 정도는 보일러 상부의 공기층 즉 팽창된 스팀 층이 되는 것이죠. 이 스팀은 우유 스티밍용으로 사용됩니다. 일반적으로 보일러 내부의 온도는 120°C 정도입니다.

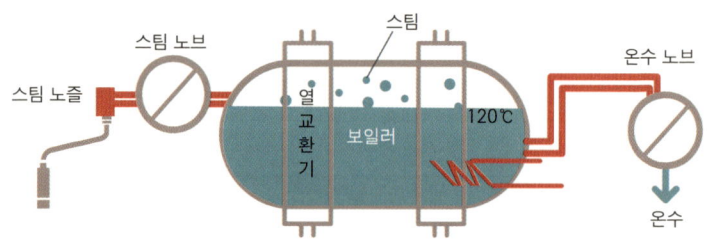

온수를 수동 레버 방식으로 추출하고 있는데, 온수가 나오지 않아요.

보통 온수 추출은 수동 레버 방식과 자동 버튼 식이 사용됩니다. 고급 머신에도 수동 조절기가 많이 사용되고 있습니다. 커피 머신 온수를 열어도 물이 나오지 않으면, 먼저 스팀을 확인해야 합니다.

스팀이 분출되지 않는다면 일단 보일러 내부 온도가 올라가지 않았기 때문입니다. 보일러 내부의 온도가 오르고 기압이 팽창될 정도의 수준이 되어야, 그 팽창 압력으로 온수를 밀어내게 됩니다. 이런 원리를 이해하고, 스팀이 나오게 하는 조치를 먼저 취해야 합니다.

만약 스팀이 강한 바람 소리를 내며 나오면 압력은 정상입니다. 온수가 나오지 않는 원인은 온수를 열고 닫아 주는 부위의 고장이나 스케일 등으로 막힌 것으로 예상할 수 있습니다.

온수 뭉치를 분해하고 스케일 등으로 막혀 있을 경우, 스케일을 깨끗하게 제거한 후 조립해 주면 됩니다. 스케일이나 이물질 막힘의 증상이 아닐 경우 온수 밸브의 주변 부품을 확인합니다.

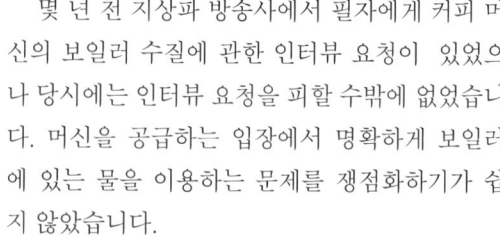

커피 머신의
온수를 이용하면
몸에 해로운가요?

몇 년 전 지상파 방송사에서 필자에게 커피 머신의 보일러 수질에 관한 인터뷰 요청이 있었으나 당시에는 인터뷰 요청을 피할 수밖에 없었습니다. 머신을 공급하는 입장에서 명확하게 보일러에 있는 물을 이용하는 문제를 쟁점화하기가 쉽지 않았습니다.

결국 누군가 인터뷰를 대신했고, 커피 머신 내부의 물을 사용하는 문제가 방송으로 공개되는 것을 보았습니다. 필자의 개인적인 의견을 밝히자면, 보통 새 제품인 경우 1~2년 내의 머신은 보일러 내부의 물을 바로 이용하는 게 별 문제가 없어 보입니다. 물론 머신의 사용량도 따져야겠지요.

그러나 분명한 점은 보일러 안에 스케일이 생길 수밖에 없다는 점입니다. 보일러 안이 워낙 고온(약 120°C)이고, 물과 화학적 반응이 일어나기 때문입니다. 더구나 물 상태에 따라서 스케일이 발생하는 시기나 양도 달라질 수밖에 없습니다.

물 관리를 잘하는 게 정답입니다. 우선은 정수기 필터 관리를 철저하게 해야 하고, 주기적으로 스케일 제거를 하고, 별도의 온수기를 사용하는 것도 좋은 방법입니다.

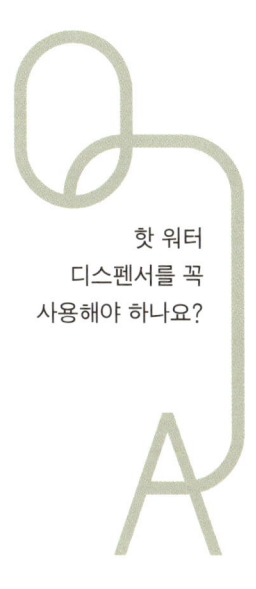

핫 워터
디스펜서를 꼭
사용해야 하나요?

커피 머신의 보일러를 잘 관리하면, 보일러 온수를 사용해도 별 문제가 없어 보입니다.

다만 손님이 많아서 계속 커피를 추출하게 되면, 온수를 계속 사용하게 되고, 사용된 온수만큼 상온의 물이 보충되어야 합니다. 그러면 물을 데우기 위해 다시 히터를 가동시켜야 하고, 가열시키는 시간 동안은 열효율이 떨어지게 됩니다. 이러면 커피 추출에도 영향을 주게 되고, 당연히 커피 맛에도 영향이 있게 됩니다.

핫 워터 디스펜서를 사용하면, 커피 머신의 가동 시간이 줄고 보일러 내의 온도도 안정적으로 유지할 수 있게 됩니다. 즉 안정된 온도와 압력을 유지하면서 커피를 연속으로 추출할 수 있으며, 커피 맛에도 영향을 주지 않게 됩니다. 이런 이유로 일정량 이상의 매출이 일어나는 카페는 거의 핫 워터 디스펜서를 사용합니다.

핫 워터 디스펜서를 사용하면,
커피 머신의 가동 시간을 줄이고
보일러 내의 온도를
안정적으로 유지할 수 있습니다.

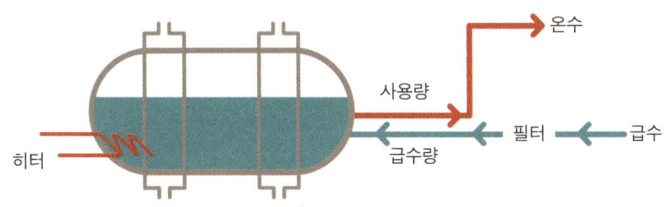

온수 사용량만큼 저온의 물이 공급되므로 보일러 내부 온도가 내려갑니다.

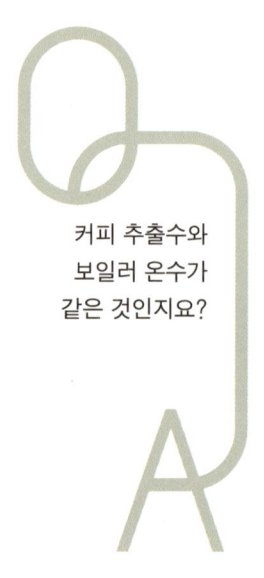

커피 추출수와
보일러 온수가
같은 것인지요?

보일러에 있는 물과 커피를 추출할 때 사용하는 물은 저장소와 관로가 전혀 다릅니다. 예를 들어 설명하면 솥에 물을 끓이고, 그 솥 안에 우유가 담긴 용기를 넣어서 우유를 뜨겁게 데운다고 생각하면 이해가 쉬울 것입니다. 그 솥에 있는 물이 보일러 물이고, 추출할 때 사용하는 물은 그 우유라고 생각하면 됩니다. 즉 우리가 커피를 추출할 때 사용하는 커피 물은 보일러 내부의 열교환기에서 데워진 물입니다. 이 열교환기는 보일러 내부를 관통하고 있으며, 보일러 안에 있는 뜨거운 물에 의해 열교환기의 물이 중탕되어 데워지는 것입니다. 다시 정리하면, 보일러 내부의 물과 커피 추출을 할 때 사용되는 물은 다릅니다. 보일러 내부의 뜨거운 물이 열교환기 안에 있는 물을 데우게 되고, 그 물이 커피 추출에 사용됩니다.

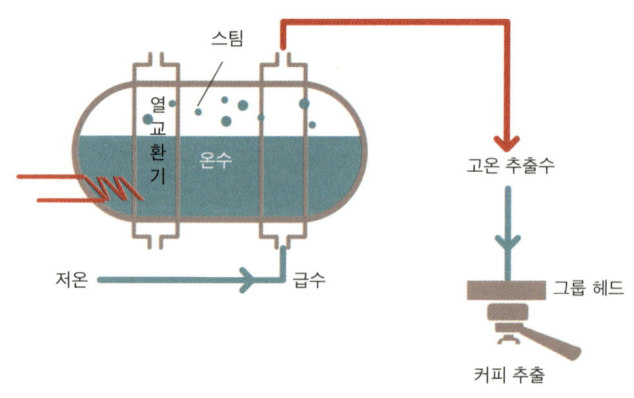

Q 열교환기 물을 깨끗하게 관리하는 방법을 알려 주세요.

A 원칙을 적용하자면, 열교환기를 모두 분해하여 주기적으로 깨끗하게 스케일을 제거하는 것이 제일 확실한 방법입니다. 스케일 제거는 독한 산성의 약품을 이용합니다. 청소 후에는 반드시 중화작업도 시켜야 합니다. 그렇지 않으면 용기가 산화되기 때문입니다. 시간을 충분히 가지고 세심하게 작업을 해야 하는데, 카페 운영자 입장에서 주기적으로 이 작업을 하기에 어려움이 많습니다.

그래서 간단하게 열교환기를 관리하는 방법을 소개합니다. 전문적인 기술도 필요 없습니다. 서너 달에 한 번 정도 열교환기의 물을 완전히 교체하면 됩니다. 열교환기의 상부와 하부를 분해해서, 열교환기 상부에서 호스를 이용해서 하부로 반복적으로 물을 흘려서 전체를 헹구어 주면 됩니다. 이렇게만 해도 훨씬 깨끗하고 위생적인 물을 사용할 수 있습니다. 스케일 제거가 2~3년 주기라고 하면, 열교환기의 물 교체는 서너 달에 한 번 정도를 추천합니다.

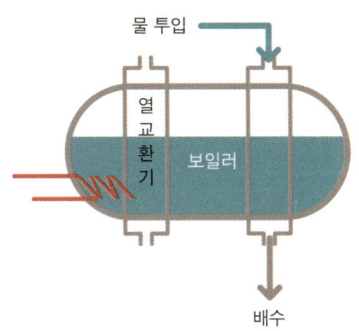

Q 물을 사용하지 않을 때도 수압이 6bar 이상이 나와요.

A 커피를 추출하지 않을 경우에도 수압 게이지 눈금이 6bar 이상으로 표시되면, 상수도 자체의 압력이 높은 지역으로, 감압 밸브를 사용하여 머신을 보호해 주어야 합니다. 필자의 경험에 의하면 수압이 높은 곳에서는 정수기나 머신 등의 물 연결 부위에서 물이 새는 경우가 자주 발생하며, 기기에도 영향을 주게 됩니다.

그러면 특별한 장비 없이 수압을 감각적으로 측정해 보는 방법을 소개합니다. 싱크대에서 나오는 수도에 머신으로 가는 호스를 연결하고, 그 호스를 통해 나오는 물을 손가락으로 막아 봅니다. 호스에서 나오는 물을 강하게 막아도 물이 뚫고 나오면 수압이 기준치를 넘은 것으로 보면 됩니다.

감압 밸브를 설치한 후에는 감압 밸브를 조정하며 같은 방식으로 물길을 막아 봅니다. 적당한 힘으로 물이 막혀야 기기에도 무리가 없습니다. 반대로 수압을 너무 약하게 조정하면, 물이 새는 것은 예방할 수 있겠지만 역시 모터 가동에는 무리를 주게 됩니다. 적절한 수압으로 사용하기를 권합니다.

윤랩이 제작한 교육용 감압 밸브 설치 사례입니다.

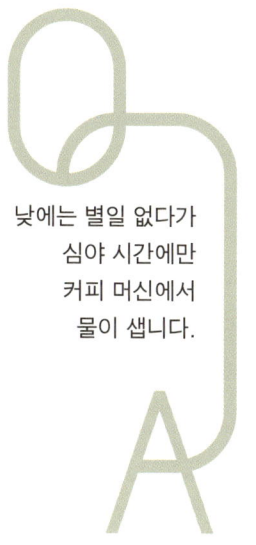

낮에는 별일 없다가 심야 시간에만 커피 머신에서 물이 샙니다.

필자의 경험으로 볼 때 원인을 찾기 어려운 경우입니다. 문제는 수압에서 발생하는 경우가 대부분입니다. 예를 들어, 가정에서도 주방에서 물을 사용하면, 화장실에서 물이 약하게 나오는 경우가 있습니다.

마찬가지로 카페들이 있는 상가 지역에서도 주변 상가에서 물을 얼마나 사용하느냐에 따라서 수압이 달라질 수 있습니다. 수압이 높은 시간대 즉, 주변의 모든 상가들이 문을 닫으면 수압이 극대화되면서 머신이나 물에 대한 관로 중 약한 부위에서 물이 새는 현상이 발생합니다.

이런 경우 해결 방법은 두 가지입니다. 첫 번째는 감압 밸브의 설치입니다. 두 번째 방법은 심야 시간대에 즉, 수압이 극대화될 때 물이 새는 곳을 찾아서 정비를 하는 방법입니다. 경험상 한 번에 그 원인을 찾기는 어렵습니다. 심야 수압도 일정하지 않기 때문입니다.

이런 경우 감압 밸브를 설치하는 게 좋습니다. 물이 새는 현상을 방지할 수 있을 뿐만 아니라, 높은 수압으로 머신에 무리가 가는 현상을 방지할 수 있기 때문입니다.

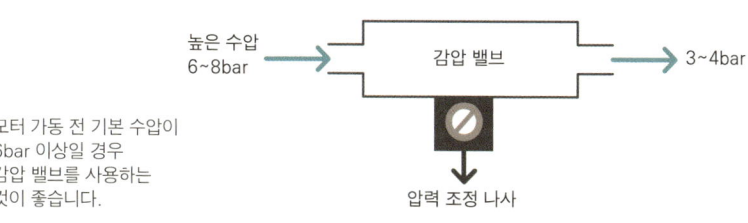

모터 가동 전 기본 수압이 6bar 이상일 경우 감압 밸브를 사용하는 것이 좋습니다.

물 · 스팀

온수를 틀면 스팀이 같이 나와요.

　보일러 내에 있는 스팀 압력이 너무 강할 때, 온수를 틀면 스팀이 온수와 함께 분출되는 경우가 있습니다. 이를 보완하기 위해 일반적으로 커피 머신의 온수 라인에 찬물을 섞어 주는 믹싱 기능(믹싱 밸브)을 추가하기도 합니다. 온수와 찬물 라인이 함께 연결되어 나올 경우 스팀과 같이 나오지 않으며 비교적 안정적으로 원하는 온수를 추출할 수 있습니다. 또한 찬물에 대한 볼륨이 있어서 조정하는 만큼만 찬물이 섞여 들어가게 하여 원하는 온도를 추출할 수 있게 되어 있습니다.

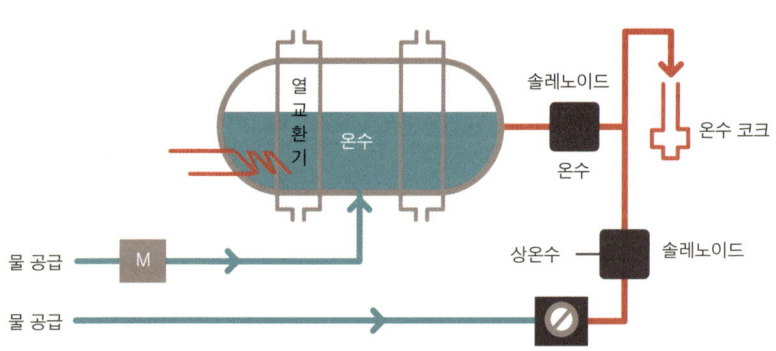

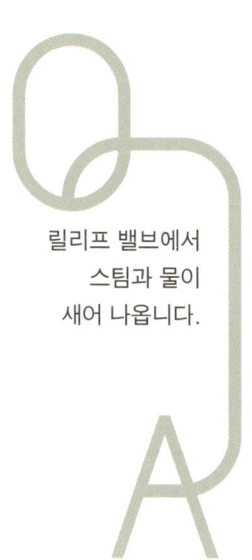

릴리프 밸브에서 스팀과 물이 새어 나옵니다.

압력 릴리프 밸브(안전밸브)는 보일러 압력이 위험 수준일 경우 폭발음을 내며 압력을 분출해 주는 안전장치입니다. 릴리프 밸브 내부에 부식이 생기면 물과 스팀이 새는 경우가 많습니다. 릴리프 밸브는 분해하게 되면 재조립이 어려운 구조로 수리를 하는 것보다 교체를 하는 것이 좋습니다. 스위치가 평상시 막혀 있지 않고 새면, 보일러가 불필요하게 계속 가열되게 됩니다. 이런 경우에는 바로 릴리프 밸브를 교체해 주어야 합니다.

릴리프 밸브

전자식 온수 코크에서 물이 나오지 않아요.

온수 버튼을 눌러도 온수가 나오지 않는 이유는 전자식일 경우, 온수용 솔레노이드가 제대로 작동하지 않아서입니다. 우선 솔레노이드에 '척' 하는 소리와 함께 전원이 인가되는가를 확인합니다. 솔레노이드 코일이 단락된 경우와 밸브 내 관로가 막혔을 경우를 예로 들 수 있습니다. 솔레노이드 코일에서 문제가 생겼을 경우, 솔레노이드 코일을 구입하여 교체하여야 합니다. 반대로 머신을 사용하지 않을 때에도 온수 코크에서 물이 방울방울 떨어지는 경우도 있습니다. 이럴 때는 온수 코크를 분해해서 이물질이 끼였는지 확인하고, 청소를 해 주거나 해당 부품을 교체해야 합니다.

온수 뭉치를 분해하고 스케일을 깨끗하게 제거한 후 조립합니다.

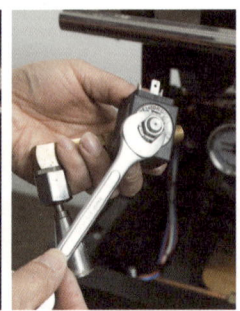

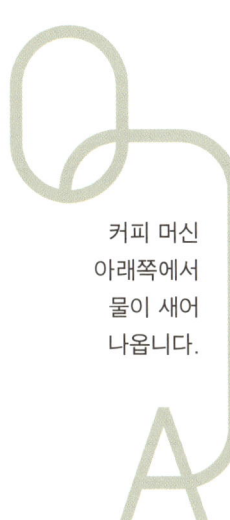

커피 머신 아래쪽에서 물이 새어 나옵니다.

커피 머신에서 사용하고 남은 물은 배수로를 통해 버려지게 됩니다. 커피 머신 트레이를 들어내고 아래쪽에 보면, 버려지는 물이 모여서 배수관로로 연결되는 공간이 있습니다. 이 공간과 배수관로에 이물질 등이 끼여 막히면 물이 배출되지 않고 물통 바깥으로 넘치거나 새어나오게 됩니다.

배수 호스와 연결되는 좁은 구멍을 잘 살펴보고, 배수 호스에 이물질이 있는지 확인해 봅니다. 또한 이 배수 호스(관로)는 물이 잘 빠지도록 적당하게 경사가 있어야 하는데, 오히려 역으로 경사가 져 있어서 물이 잘 빠지지 않거나 역류하는 경우도 있으니 주의해야 합니다. 경사를 잘 살피고, 눌리거나 접힌 부분이 있으면 잘 펴 주어야 합니다.

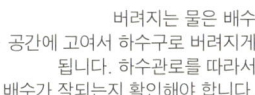

버려지는 물은 배수 공간에 고여서 하수구로 버려지게 됩니다. 하수관로를 따라서 배수가 잘되는지 확인해야 합니다.

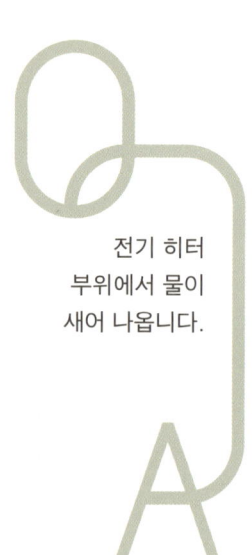

전기 히터 부위에서 물이 새어 나옵니다.

전기 히터와 보일러를 연결해 주는 부분을 보면, 고무 재질로 만든 개스킷이 있습니다. 이 개스킷은 물이 새는 것을 막기 위해 사용합니다. 그런데 이 개스킷이 오래 되어 딱딱해지면 물이 새는 것을 막지 못하게 됩니다. 이때는 전기 히터를 분해해서 개스킷을 교체해 주어야 합니다. 당장 개스킷을 구하기 어려울 때는 실리콘 고무를 오려서 임시로 대체할 수 있습니다.

보일러와 전기 히터의 개스킷이 손상되면 교체해야 합니다. 실리콘 고무를 크기에 맞게 오려서 임시로 대체할 수도 있습니다.

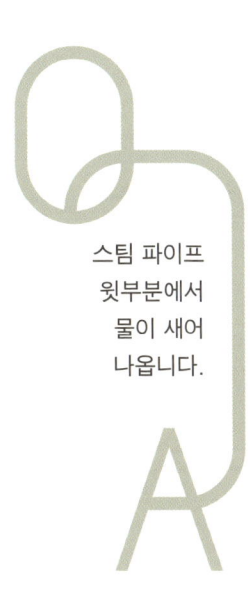

스팀 파이프
윗부분에서
물이 새어
나옵니다.

스팀 밸브는 마치 사람의 관절처럼 여러 부분으로 구성되어 있습니다. 이 스팀 노즐의 관절 부위에 문제가 생겨서 물이 새기도 합니다. 분해하여 이물질을 제거하고 깨끗하게 청소를 합니다.

오래 사용해 헐거워졌으면 해당 부품을 교체합니다. 오링과 개스킷 등을 적당한 시기에 교체해 주어야 잔 고장 없이 스팀 기능을 오래도록 사용할 수 있습니다.

스팀 뭉치를 분해해
이물질을 확인합니다.

물 · 스팀

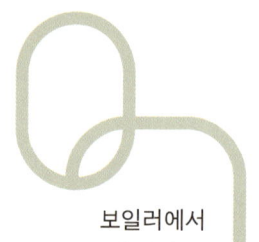

보일러에서 물이 넘치고, 스팀 밸브에서도 물이 계속 나와요.

우선, 수위 감지봉의 상부에 꽂혀 있는 연결선(선재)들이 메인 보드(PCB)에 이상 없이 연결되어 있는지 확인합니다. 그리고 수위 감지봉을 분해하여 스케일이 묻어 있으면 제거해 주어야 합니다.

다음은 물 공급 솔레노이드 고장 여부를 확인합니다. 물 공급 솔레노이드 내부에 이물질이 끼면 물을 차단하지 못하고, 보일러 내부로 물이 계속 흘러 들어갈 수 있습니다. 드문 경우이지만, 위 사항들을 다 점검했는데 이상이 없으면 PCB 회로에 문제가 있을 수도 있습니다. 그런 경우 머신 전문가에게 의뢰해 진단을 받아야 합니다.

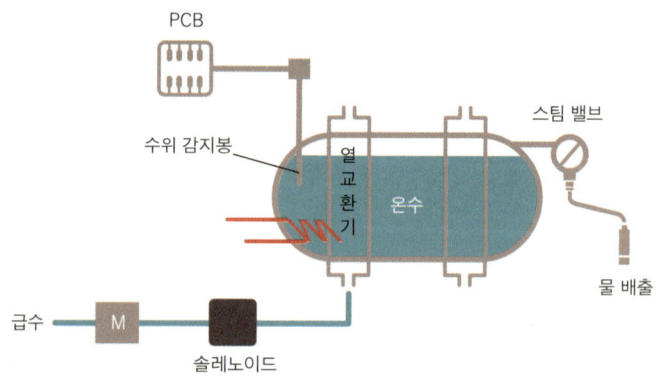

수위 감지봉과 PCB가 제대로 연결이 되어 있지 않으면 계속적으로 물 공급이 이루어져 보일러에 물이 넘치게 됩니다.

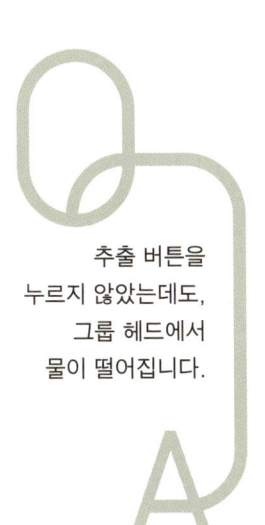

**추출 버튼을
누르지 않았는데도,
그룹 헤드에서
물이 떨어집니다.**

그룹 헤드에 물 공급을 조절하는 3 way 솔레노이드를 확인해야 합니다. 추출 버튼을 누를 때만 솔레노이드가 물을 공급해야 하는데, 이 기능에 이상이 생긴 겁니다.

솔레노이드를 분해해 내부에 이물질이나 스케일이 끼어 있는지 확인합니다. 이물질과 스케일을 청소한 후 조립합니다.

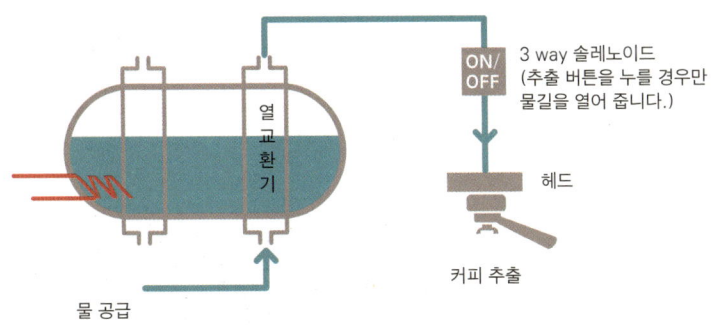

보일러 주위 배관에서 물이 조금씩 새고 있어요.

배관은 주로 동(銅)으로 만드는데, 이 동은 온도의 변화에 민감합니다. 보일러 주위 배관에서 간혹 물이 새는 경우가 생깁니다. 이럴 때는 배관 연결구를 조여 주면 됩니다. 연결구를 시계 방향으로 약간씩 돌리면서 물이 새지 않게 되면 멈추면 됩니다. 이때 너무 무리한 힘으로 배관을 조이면 부품이 파열될 수 있으므로 조심해야 합니다. 끝까지 무리하게 한 번에 조이지 않고 적당한 힘으로 두세 번으로 나누어서 조이는 게 좋습니다.

각 연결 부위에서 물이 샐 경우 적당한 힘으로 조여 주면 됩니다.

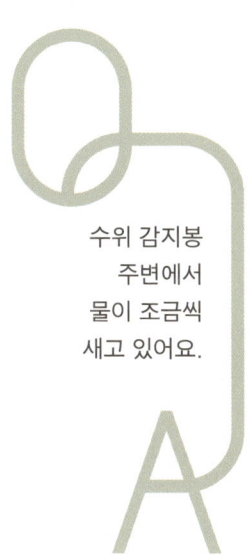

Q 수위 감지봉 주변에서 물이 조금씩 새고 있어요.

수위 감지봉을 천천히 풀은 다음 나사산에 테프론 테이프를 두세 바퀴 감아 줍니다. 이렇게 하면 테프론 테이프가 나사산 사이를 조여 주어 물이 새는 것을 막아 주게 됩니다. 이때 테프론 테이프가 보일러 내부로 들어가지 않도록 안쪽으로 조심스럽게 감아서 작업해야 합니다.

이 부위에서 강하게 조여도 물이 계속 새면 테프론 테이프를 2~3회 감아 준 후 조립합니다.

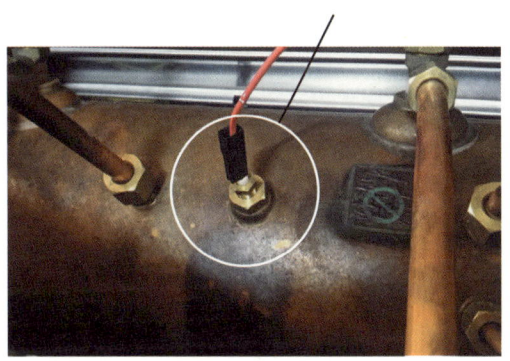

물 · 스팀　121

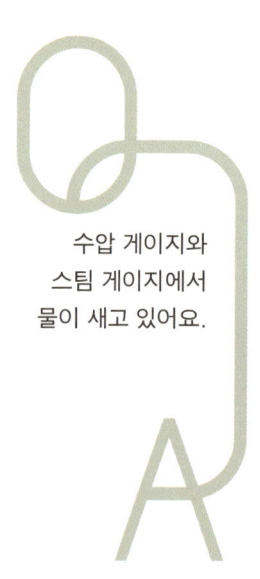

수압 게이지와 스팀 게이지에서 물이 새고 있어요.

게이지 연결 부위에서 물이 새는지, 게이지 자체에서 물이 새는지를 확인합니다.

게이지 자체 몸통 부분에서 물이 새면 게이지 고장입니다. 수리가 불가능해 게이지를 교체해야 합니다. 게이지 연결 부위에서 물이 새고 있다면 게이지에 연결된 배관을 약간 조여 주거나 약간의 테프론을 감아서 다시 채워 주면 됩니다.

스팀 수압 게이지를 분리하고, 테프론 테이프를 감아 줍니다.

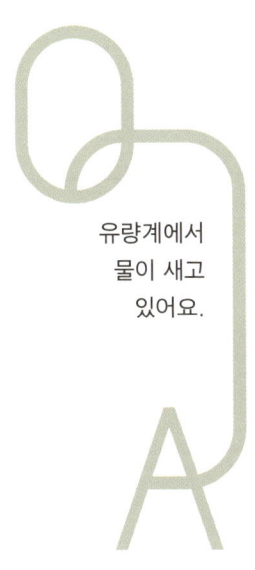

유량계에서 물이 새고 있어요.

유량계(flow meter) 캡(뚜껑)을 열어 보면 물이 새는 것을 방지해 주는 고무링이 들어 있습니다. 이 고무링 근처에 이물질이 끼거나 딱딱하게 되어 미세한 틈이 생기면 물이 샐 수 있습니다. 분해한 후에 이물질을 깨끗하게 제거해 주거나, 딱딱하게 굳은 고무링을 교체해 주어야 합니다. 추운 겨울에는 마치 수도 계량기가 동파되는 것처럼 유량계가 동파되기도 합니다. 이때는 유량계 자체를 교체하는 수밖에 없습니다. 머신에 따라서, 유량계의 캡(뚜껑)만 구입할 수도 있고 아니면 전체(assy)를 교체해야 합니다.

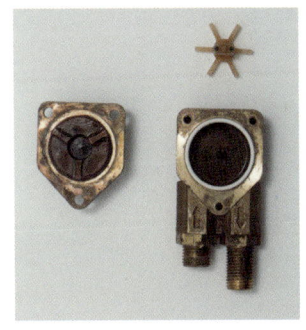

유량계를 열어 고무링이 딱딱하게 되었는지 확인합니다.

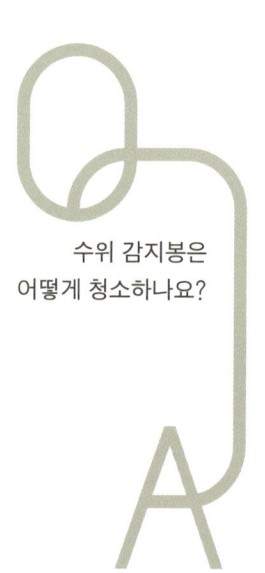

수위 감지봉은 어떻게 청소하나요?

보일러는 아랫부분 70%에 물이 채워지고, 윗부분 30%에 스팀이 채워지는데, 물의 비중을 감지하는 게 수위 센서입니다. 이 수위 센서(감지봉)에 스케일이 끼면, 센서 기능을 제대로 못하게 되어, 정해진 물보다 더 많은 물이 보일러에 채워지게 됩니다.

이렇게 되면 스팀에도 물이 섞여 나올 수 있습니다. 수위 감지봉을 빼내 감지봉에 묻어 있는 스케일을 긁어내고 다시 조립하면 됩니다.

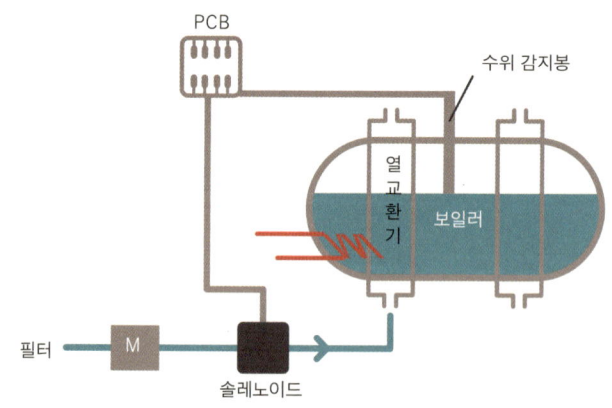

수위 감지봉을 빼내어
묻어 있는 스케일을 제거합니다.

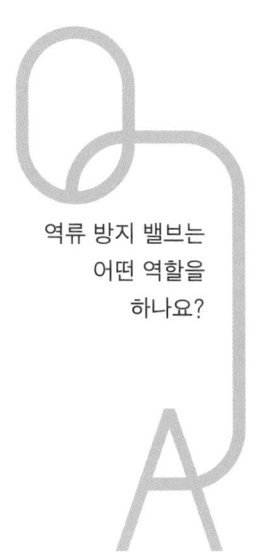

역류 방지 밸브는 어떤 역할을 하나요?

보일러의 온도가 올라가 팽창이 시작되면 보일러 내부의 물이 밖으로 강하게 분출되려고 합니다. 이런 경우에 역류 방지 밸브가 없으면, 보일러 내부로 들어 왔던 물이 다시 밖으로 분출될 수 있습니다. 역류 방지 밸브는 이를 막는 역할을 합니다.

1방향성으로
체크 밸브라고도 합니다.

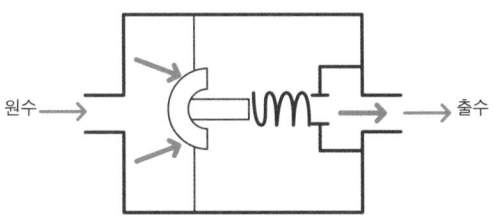

추출 압력이 높거나 낮을 때는 수압을 어떻게 조정해야 하나요?

모터 펌프에 달려 있는 수압 조정 나사를 일자 드라이버를 이용해 조정합니다. 우선 조절 나사 고정 너트를 서너 바퀴 풀어 주고 난 뒤에, 평소와 같이 분쇄된 커피 가루를 포터 필터에 장착한 후에 추출 버튼을 누르고 수압 조절 나사를 돌려 원하는 압력(표준 9bar)에 맞춥니다. 분쇄된 커피 가루를 직접 장착 추출하며 조정하는 이유는 분쇄 커피를 걸어 놓아야 적당한 저항이 작용해 원하는 압력을 정확히 맞출 수 있기 때문입니다.

일자 드라이버를 이용해 추출압을 조정합니다.

스팀 압이 높거나 낮을 때는 어떻게 조절하나요?

스팀 게이지의 위치가 표준치 1bar 또는 원하는 위치에 있지 않은 경우입니다. 압력 스위치의 앞부분에 있는 노란색 플라스틱 작은 캡을 빼면 작은 홀 안에 일자 나사형 조절기가 있습니다. 일자 드라이버를 이용해 조정합니다.

스팀 압을 높이려면, 먼저 스팀 압 조절을 시계 반대 방향으로 두 바퀴 정도 돌려놓은 후, 스팀을 15초 이상 배출시키고, 다시 잠근 후 압력 게이지가 상승하다가 멈추는 점을 확인합니다. 이때 원하는 점보다 스팀 압이 아직 낮다면, 같은 방법으로 조절 후에 다시 멈추는 점을 확인합니다. 이런 방법으로 적정 스팀 압에 도달할 때까지 반복합니다.

스팀 압을 낮추는 경우, 먼저 스팀 압 조절을 시계 방향으로 두 바퀴 정도 돌려놓은 후, 스팀을 15초 이상 분사시켜 압력 게이지가 재상승하다가 멈추는 점을 확인합니다. 이때 원하는 점보다 아직 높다면, 같은 방법으로 조절 후 다시 멈추는 점을 확인합니다.

일자 드라이버를 이용해 스팀 압을 조정합니다. 보통 시계 반대 방향으로 돌리면 스팀 압을 높이는 것이며, 시계 방향은 스팀 압을 낮추는 것입니다.

커피 머신 내부에서 '뻥!' 하는 폭발음이 가끔씩 납니다.

폭발음은 보일러 상부에 달려 있는 릴리프 밸브(안전밸브)가 강한 스팀 압을 못 이겨 스팀을 배출하는 소리입니다. 보일러 내부의 압력이 적정 압 이상으로 높아지면 보일러 상단에 있는 안전밸브(릴리프 밸브)가 열리면서 이 압력을 밖으로 빼낼 때 폭발음이 납니다.

보일러 압력이 지나치게 높게 되는 원인은 압력 스위치 불량일 확률이 큽니다. 통상 보일러 내의 압력이 1바(bar)에 도달하면 압력 스위치가 작동해 전기 히터(히팅 코일)의 전원을 자동으로 차단합니다. 전기 히터가 차단되면, 더 이상 물을 끓이지 않고, 압력이 떨어지게 됩니다.

그러나 압력 스위치가 적정 압에서 히터의 가동을 끊어 주지 못하면 압력이 한없이 올라가 결국 안전밸브가 스팀을 분출하게 되는 것입니다. 압력 스위치를 조절해 본 후 조정이 안 되고 불량이 확인되면 압력 스위치를 교체하면 됩니다.

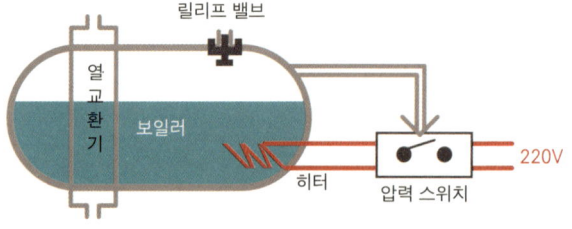

압력 스위치는 보일러 스팀 압이 일정 압에 도달하면 히터 전원을 차단합니다.

압력 게이지의
눈금이 이상해요.

커피 머신에는 수압을 나타내는 게이지와 스팀 압력을 나타내는 게이지가 있습니다. 수압과 스팀 압력을 나타내는 게이지들은 하나로 통합되어 있는 경우도 있고, 각각 별개로 되어 있는 경우도 있습니다.

적정 수압은 9바(bar), 적정 스팀 압력은 1바입니다. 눈금의 위치가 불안정하거나 엉뚱한 곳에 있고 눈금 위치가 계속 특정 위치에 고정되어 있다면 게이지가 고장 난 것이므로 게이지를 교체해야 합니다. 수압과 스팀 일체형 게이지는 수압이나 스팀 중에 어느 한 부분만 고장이 나더라도 통째로 교체해야 합니다.

참고로 게이지 내부에서 물이 새어 나오는 경우도 있는데, 이럴 때는 수리가 불가능하고 교체해야 합니다.

수압과 스팀 공용 게이지

전기

커피 머신은 전기 · 전자 부품들이 사용되는 고전력 장비입니다. 커피 머신을 설치할 때는 전기 기술자의 도움을 받는 것이 좋습니다. 직접 설치를 하려면 전기에 대해 충분한 지식을 갖추고, 각별히 조심해야 합니다. 커피 머신의 전기 계통에 문제가 생기면 커피 머신이 전혀 작동하지 않는 경우가 많습니다. 전원 버튼을 누르면 차단기가 계속 내려가기도 하며, 아예 전원 자체가 들어오지 않기도 합니다. 커피 머신을 만질 때 찌릿찌릿 전기가 느껴지기도 하며, 전원이 ON/OFF를 반복하기도 합니다. 전기 계통의 고장 사례를 참고하시기 바랍니다.

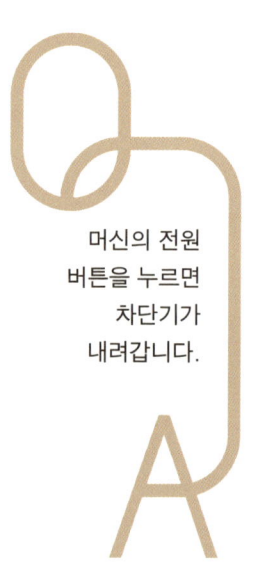

머신의 전원
버튼을 누르면
차단기가
내려갑니다.

1단계 _ 우선 차단기의 용량부터 확인해야 합니다. 카페에는 머신 이외에도 에어컨, 온수기, 오븐 등 전기 용량이 큰 전자 제품들이 있습니다. 커피 머신과 이들 전자 제품을 모두 사용하고도 여유가 있을 정도로 전기 용량을 확보해야 하는데, 전자 제품들이 계속 추가되고, 용량이 커지면서 문제가 생기는 경우가 있습니다.
오븐이나 에어컨 등 전기 용량이 큰 것 중 한 제품의 전원을 꺼 봅니다. 그리고 커피 머신의 전원을 넣었을 때 차단기가 내려가지 않는다면 전기 용량이 부족할 수 있으니 전기 전문가를 불러 차단기의 용량이나 증설 등에 대한 조치를 취해야 합니다.

2단계_ 머신의 주요 부품이나 전기 관로가 물에 젖어 있을 때도 차단기가 내려갑니다. 젖은 부분들은 헤어드라이어를 이용해서 잘 말려 주어야 합니다.

3단계_전기 히터(히팅 코일)의 열선에 문제가 생겨도 차단기가 내려갑니다. 히터의 열선이 보일러 내에서 터졌을 경우 물에 열선이 노출되어 쇼트 상태가 되므로 차단기가 내려가게 됩니다. 히터를 구입하여 교체해야 합니다.

4단계_ 솔레노이드와 기타 부품에 쇼트 현상이 일어날 때도 차단기가 내려갑니다. 머신에 있는 여러 개의 솔레노이드 계통의 부품의 잭을 하나씩 빼면서 전원을 공급해 봅니다. 특정 부품의 잭을 분리했을 때 차단기가 내려가지 않는다면 분리한 부품의 문제일 확률이 높습니다. 해당 부품을 교체해야 합니다.

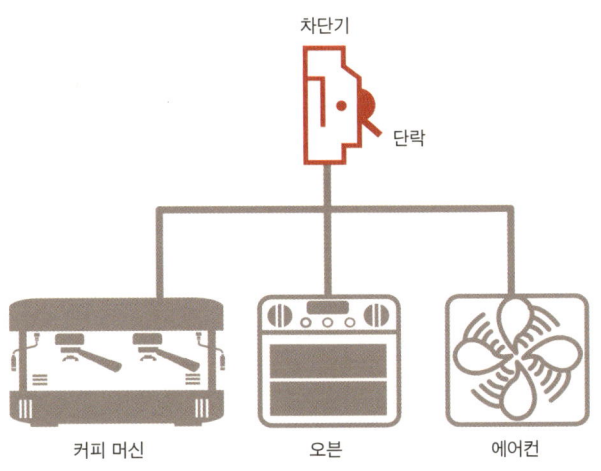

커피 머신에 전력 소모가 큰
오븐, 에어컨 등 사용 전력을 초과해서
사용하면 차단기가 떨어질 수 있습니다.

Q 커피 머신을 만지면 찌릿찌릿 전기가 와요.

A 머신의 외장에 손이나 신체의 일부가 닿을 때, 전기를 느끼면 접지 불량입니다. 머신을 분해해 보면 외장 케이스가 접지선과 연결되어 있습니다. 먼저 머신의 전기 연결부를 확인하고, 접지선 자체가 시설되어 있는지를 확인해야 합니다.

카페 전기 공사를 할 때 반드시 접지 공사를 확인하고 챙겨야 합니다. 만일 접지 공사를 빠트렸으면, 전기 전문가에게 접지 공사를 의뢰해야 합니다. 물론 도움을 받아 가며, 자체 내에서 접지 라인을 찾아 별도의 선으로 연결하여도 됩니다.

다른 방법으로는 수도 배관을 이용하는 것도 가능합니다. 수도관은 땅속에 묻혀서 연결된 관로입니다. 수도 배관을 접지선으로 잡아서 연결해도 가능합니다. 그러나 반드시 전기 전문가에게 의뢰하여 시설해야 안전합니다.

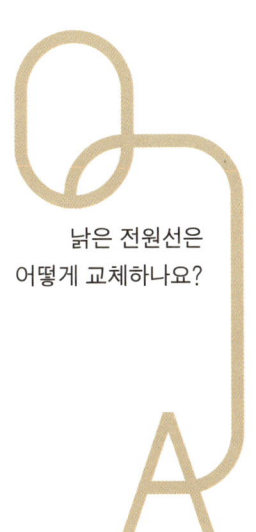

낡은 전원선은 어떻게 교체하나요?

전원선은 전력을 계산하여 교체해야 합니다. 그런데 바리스타가 이런 계산을 하기는 어렵습니다. 쉽게 하는 방법이 있습니다. 원래의 전원선을 분해하여 내부 동선의 굵기 이상의 선을 구입하여 교환하면 됩니다(용량 확인 필수). 전기의 기본 원리인 오옴의 법칙을 대입하여 설명하면, '전류=전압/저항'이므로 저항이 적을수록 전류가 크게 흐르는 원리입니다. 즉 선도 하나의 저항이므로 전류에 버틸 수 있는 용량을 사용해야만 합니다.

즉 전류가 크게 흘러도 버틸 수 있는 정도의 튼튼한 전선을 써야 안전하다는 이론입니다. 뉴스를 보면 오래되고 낡은 시설물에서 대형 화재가 나는 원인도 대부분 버틸 수 없는 정도의 라인에 여러 개의 제품을 사용해 큰 전류가 흐르게 되고, 과열되어 화재로 이어지는 것입니다.

전원 스위치의
'1, 0, 2'이라는
숫자는
무슨 뜻인가요?

2그룹 커피 머신 훼마 E98을 예로 들어 설명을 하겠습니다. 메인 스위치의 '0'은 전원의 OFF를 뜻합니다. '1'은 정상 가동 상태이지만, 히터는 가동하지 않는 단계입니다. '2'는 히터를 포함한 모든 기능이 동작하는 단계입니다. 그러면 왜 전원을 한 번에 공급하지 않고, '1'과 '2'로 나누어 작동시킬까요? 히터의 과열을 방지하기 위해서입니다.

물이 보충되기 전에 히터가 가동되는 '2'의 위치에 스위치를 둔다면, 히터는 타버리고 말 것입니다. 단, 과열 방지 스위치라는 안전 퓨즈 역할을 하는 부품이 있어서, 이러한 사고는 예방이 됩니다.

특히 커피 머신을 처음 시설할 경우는 '1'의 위치에서 물이 완충된 준비 모드가 된 것을 확인하고 스위치를 '2'로 전환하여 사용하여야 합니다. 커피 머신 보일러 청소 후에도 물이 없는 상태이므로, 처음 시설할 때와 같은 수순으로 '1' 의 위치에서 물이 완충된 후 전원을 인가해야 합니다.

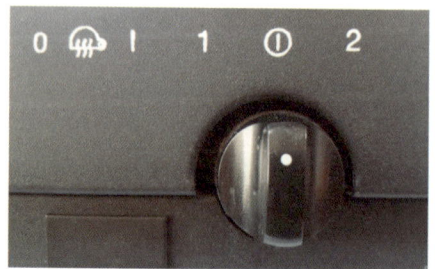

'1'은 히터를 제외하고 전원이 켜지는 상태이고, '2'는 히터를 포함해 전원이 켜지는 상태입니다.

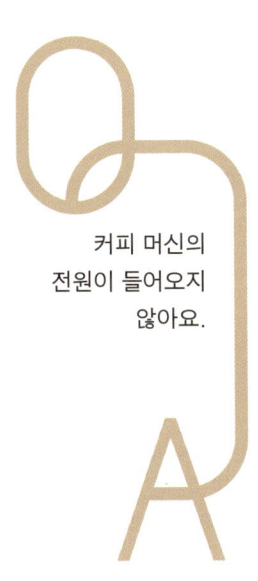

커피 머신의
전원이 들어오지
않아요.

국내 보급률이 높은 시모넬리 아피아의 경우, 머신 우측 하단에 전원 스위치가 있으며, 상단 왼쪽에는 전자 스위치가 있습니다. 즉 전원 스위치가 2개가 있습니다.

그런데 커피 머신의 전원이 들어오지 않는다는 다급한 서비스 요청이 간혹 있습니다. 그러면 우선 전화로 전원 스위치가 1개가 아닌 2개이며, 2개의 전원 스위치에 전원이 모두 공급되고 있는지를 확인하라고 합니다. 시모넬리 아피아의 경우 우측 하단에 있는 스위치와 커피 머신 좌측 상단에 있는 전자식 버튼형 전원 스위치 2개를 모두 확인해야 합니다.

일반적으로 전원이 들어오지 않을 경우 점검 순서는 다음과 같습니다. 1차로 분전반 차단기를 확인합니다. 차단기가 올라가 있는지, 내려와 있는지 확인합니다. 2차로 과열 방지 스위치의 차단 상태를 확인합니다. 3차로 메인 보드의 퓨즈의 단락 상태 확인과 메인 보드의 이상을 확인해 보아야 합니다.

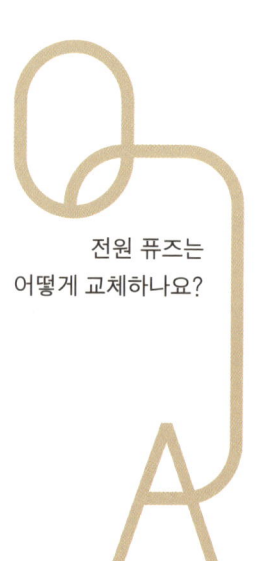

Q 전원 퓨즈는 어떻게 교체하나요?

메인 보드 기판에 있는 퓨즈가 나가면, 당연히 전원이 들어오지 않습니다. 퓨즈 용량을 확인해 같은 용량의 것으로 교체합니다. 교체하여도 계속하여 퓨즈가 나가면, 특정 부분(부품)에 이상이 있는 경우입니다. 특정 부품의 쇼트 혹은 연결선(선재)에서 쇼트가 일어나면서 퓨즈가 계속 단락되는 경우가 많습니다. PCB 내의 부품에 이상이 있을 경우도 계속적으로 퓨즈가 나갈 수 있습니다. 이런 경우 전문 엔지니어에게 점검을 의뢰해야 합니다.

퓨즈를 교체할 때 원래의 퓨즈 용량을 초과하는 퓨즈를 사용하게 되면 더 큰 고장이 날 수 있으니, 특히 주의해야 합니다.

퓨즈에 표기되어 있는 용량과 동일한 것을 사용해야 합니다.

Q 전원이 불안정하게 ON/OFF가 반복됩니다.

A 대부분 메인 기판(메인 PCB)이 이상인 경우의 증상입니다. 전문 엔지니어에게 문의하시어 PCB를 교체하셔야 합니다. 직접 교체를 할 경우 메인 보드의 여러 가지 연결선(선재)들을 빼고 새로운 PCB에 역순으로 연결하면 됩니다. 메인 보드는 신중히 다루어야 하는 고가의 부품입니다. 가급적 전문가에게 의뢰하는 게 좋습니다.

메인 보드의 선을 분리할 때는
선이 끊어지지 않도록 조심히 빼내야 합니다.

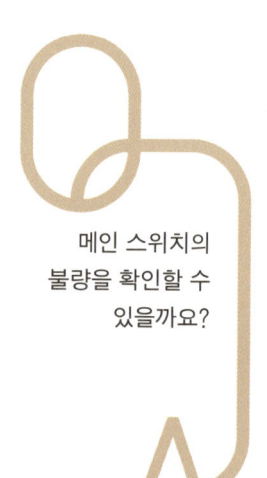

Q 메인 스위치의 불량을 확인할 수 있을까요?

일반적으로 메인 스위치가 단락되는 경우는 드뭅니다. 메인 스위치가 2선만 연결된 스위치에 한해 일반인이 2선을 붙여 보았을 때 동작되면 스위치의 단락 고장입니다. 단 스위치의 경우는 전문가가 아닌 경우 위험할 수 있으니, 정확한 지식을 얻고 수리에 임해야 합니다. 또한 다선식 스위치인 경우는 초보자가 확인하기 어렵습니다. 전문가에게 의뢰하여야 합니다. 감전의 위험이 있으므로 전원 차단기를 끄고, 절연 장갑을 끼고 점검해야 합니다.

■ 2선식 스위치

■ 다선식 스위치

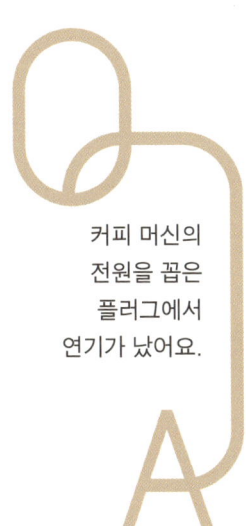

커피 머신의
전원을 꼽은
플러그에서
연기가 났어요.

커피 머신은 고전력 제품입니다. 다른 기기들과 함께 전원을 사용하거나 플러그를 사용하는 것은 피하는 게 좋습니다. 30A 용량의 차단기를 이용해 머신의 전원 선을 직접 연결하는 것이 정석입니다. 용량이 약한 플러그를 사용하게 되면, 전력 소비가 많은 제품일 경우 플러그에서 열이 나기 시작하여, 결국 메인 차단기가 내려가거나 과열로 인한 화재가 날 수도 있습니다. 이 경우 플러그를 제거하고 차단기를 연결하여 안전하게 머신을 운영하여야 합니다.

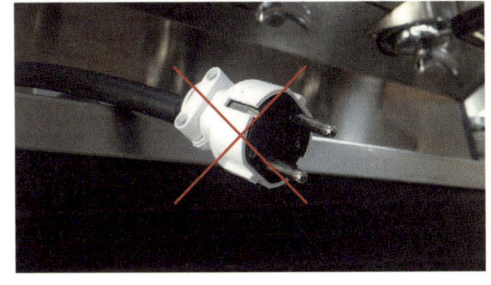

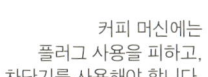

커피 머신에는
플러그 사용을 피하고,
차단기를 사용해야 합니다.

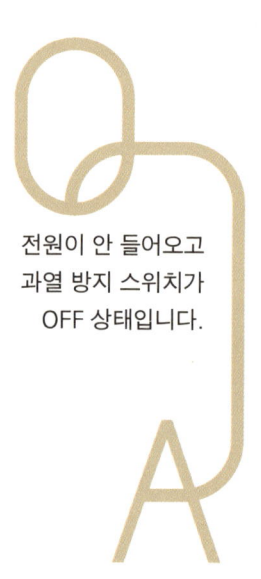

전원이 안 들어오고 과열 방지 스위치가 OFF 상태입니다.

과열 방지 스위치가 OFF 되어 있다면 버튼을 눌러 다시 원상태로 회복시켜 주어야 합니다. 보통 과열 방지 스위치가 아웃(OFF) 되어 있다면, 보일러 내부에 물을 채우지 않고 히터를 가동시킨 경우가 많습니다.

이 경우는 우선 보일러 내부의 물이 부족한지 확인해야 합니다. 물이 부족하면 보충한 후에 과열 방지 스위치를 눌러 재가동을 시켜야 합니다. 과열 방지 스위치가 전원 전체를 차단하지 않고 히터의 전기만 차단하는 종류의 머신도 있습니다.

과열 방지 스위치가 아웃(OFF) 되어 있다면, 보일러 내부의 물이 부족한지 확인해야 합니다.

Q 보일러를 가열하는 시간이 너무 오래 걸려요.

A 오래된 머신이면 전기 히터에 스케일이 잔뜩 끼인 경우가 대부분입니다. 우선 응급조치로 전기 히터를 분리하여, 스케일 제거제를 이용해 전기 히터의 스케일을 제거한 후 (이때 베이킹 소다로 중화를 꼭 해야 합니다) 다시 장착을 합니다. 보일러를 가열하여 히팅 시간을 점검해 봅니다.

스케일이 심하게 낀 히터

스케일이 낀 히터. 이해를 돕기 위해 끝부분만 스케일을 제거한 경우입니다.

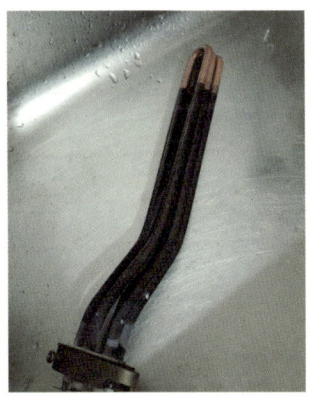

솔레노이드의 원리를 간단하게 알고 싶어요.

커피 머신에서 솔레노이드의 주된 역할은 물길을 막고 열어 주는 스위칭 역할입니다. 솔레노이드는 코일이 감겨 있는 몸체와 몸체 안에 철심처럼 생긴 플런지(유동추), 스프링 등으로 구성되어 있습니다. 코일에 전기를 가하면 자력의 힘으로 솔레노이드 내부에 있는 플런지를 끌어 올려 물길을 열어 물을 통과시키고, 솔레노이드 코일에 전기가 차단되면 플런지가 스프링 힘에 의하여 자동적으로 떨어지게 되며 스프링의 힘으로 물을 막아 물길을 차단하게 됩니다. 솔레노이드 몸체에 감겨 있는 코일이 끊어지는 등 문제가 생기면 솔레노이드가 작동하지 않게 됩니다.

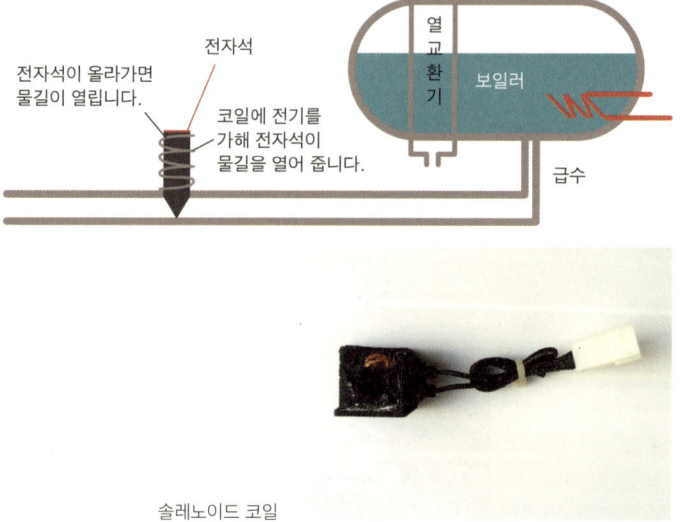

솔레노이드 코일

모터가 기동하지 않습니다.

물 공급이나 물 막힘이 없을 경우입니다. 모터에 전원이 인가되어 모터가 가동되면, 모터에 '윙' 하는 작은 떨림이 있게 됩니다. 반면에 아무 움직임이나 느낌이 없으면, 모터가 가동되지 않는 것이며, 주로 모터 기동 콘덴서에 문제가 있을 확률이 높습니다.

일반적으로 콘덴서에 잭을 빼고, 극성을 반대로 연결했을 때 '위~잉' 하는 소리가 나면서 모터가 구동하면 이는 모터 콘덴서가 불량일 확률이 높습니다. 기동 콘덴서는 모터의 위상을 보정시켜 모터의 회전을 개시시켜 주는 역할을 합니다.

모터 콘덴서는 전기가 충전되어 있을 수 있으니 감전 사고를 주의해야 합니다. 콘덴서의 상태에 따라 반대로 연결해도 동작되지 않을 수 있습니다.

모터 콘덴서의 분리

그라인더 · 제빙기

원두를 분쇄하는 그라인더와 얼음을 만드는 제빙기도 카페의 필수 장비입니다. 그라인더와 제빙기는 커피 머신에 비해 구조나 작동 원리가 매우 단순합니다. 그라인더의 원리와 칼날 교체하는 방법, 그라인더의 전원이 들어오지 않거나 회전에 문제가 생기는 경우, 제빙기의 원리와 청소법 등을 소개합니다. 그라인더와 제빙기를 평소에 잘 관리하면 잔고장 없이 오래 사용할 수 있습니다.

제빙기를 정기적으로 청소해야 하나요?

커피 머신은 높은 열을 사용하기 때문에 세균 걱정이 없지만, 제빙기는 열을 사용하지 않아서 세균이 번식하기 좋은 환경입니다. 제빙기는 한 번 설치하고 나면 육안으로 보아 깨끗하게 보이기도 해 청소를 소홀히 여기게 됩니다. 가정용 냉장고의 경우도, 냉동실 청소는 아무래도 쉽지 않은 것과 비슷합니다. 제빙기의 원리를 알면 왜 청소가 필요한지 이해가 됩니다.

제빙기 내부를 보면, 기본 물탱크와 그 물탱크 위에 얼음을 얼리는 용기가 있습니다. 이 용기에는 각설탕 모양의 수십 개의 작은 칸이 있고, 모터 펌프를 이용해 물탱크에서 각설탕 모양의 용기에 물을 뿌려 얼음을 얼리게 됩니다.

문제는 물탱크의 물이 순환하지 않고, 항상 채워져 있는 점입니다. 장기간 사용하면 물탱크에 공기 중의 이물질 등이 들어가고, 특히 사람의 손으로 얼음을 꺼내는 과정이 반복되기 때문에 대장균이나 세균이 번식할 소지가 클 것입니다. 물론 얼음으로 일정량의 물이 소비되기도 하지만, 나머지 물은 항상 물탱크 바닥에 오랜 기간 축적되어 머물게 되는 것입니다.

날짜를 정해 주기적으로 제빙기 물탱크를 점검해 세척하고, 물을 교체해 주어야 합니다. 각설탕 모양의 용기도 흐르는 물을 뿌려서 깨끗하게 씻어 줍니다. 특히 더운 계절에는 찬 음료 주문이 많아지므로 제빙기 내부의 청결 관리를 세심하게 해야 합니다.

상부에 계속적으로 물을 뿌리고 저수조로 물이 떨어지는 과정 속에서 점점 얼음이 각 모양으로 제조됩니다. 저수조는 고립된 공간으로 정기적으로 청소하고, 저장된 물을 교체해 주어야 합니다.

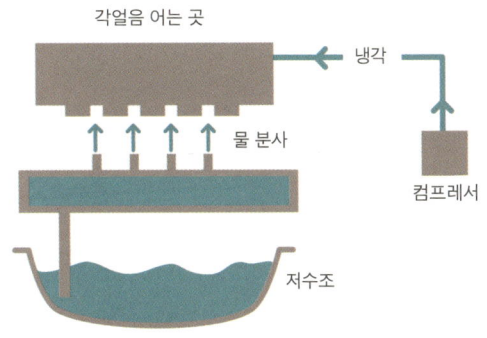

제빙기 상부에 각설탕 모양의 칸이 수십 개 있습니다. 여기에 얼음이 얼면 가이드를 타고 떨어져 제빙기 하부에 쌓이게 됩니다.

겨울철에는 제빙기의 얼음 제조량을 조절하고 싶어요.

한여름에는 찬 음료의 주문이 많아 제빙기의 얼음이 부족할 때도 있습니다. 반면에 한겨울에는 제빙기의 얼음이 별로 쓰이지 않습니다. 그렇다고 전원을 차단한 채 사용하지 않을 수도 없습니다. 얼음도 한번 제조되어 오랜 시간이 지나면 모양이 변하면서, 사용하기에 적당하지 않게 됩니다.

한겨울에 제빙기의 기능을 제한해 얼음도 일부 활용하고, 전기 사용도 줄일 수 있는 방법이 있습니다. 필자가 직영 카페를 운영할 때 사용한 방법을 소개합니다. 제빙기의 내부를 들여다보면 두툼한 스텐봉이 보입니다.

이 스텐봉은 얼음의 양을 감지하는 센서 역할을 합니다. 즉 제조된 얼음이 쌓이고, 스텐봉에 얼음이 닿으면, 얼음의 온도를 감지하여 얼음 제조를 멈추게 합니다. 이 원리를 이해하면 됩니다. 우리가 화장실 변기에 사용되는 물을 아끼려고 변기에 물을 공급하는 저수조에 벽돌을 넣어 두는 원리와 같습니다. 즉 얼음이 쌓이는 제빙기 내부 얼음 보관조 밑부분에 김치통 같은 사각 박스 등을 넣어 두면, 그만큼 얼음이 덜 쌓이게 됩니다. 그러면 불필요한 얼음을 만들지 않게 되며, 양질의 얼음을 사용할 수 있게 됩니다.

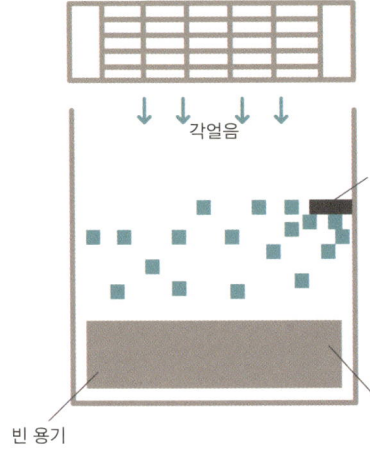

각얼음

온도 감지 센서(빈 센서)에 얼음이 닿으면
자동적으로 제조를 중단시킵니다.

얼음 사용이 드문 겨울철에는
비어 있는 각 모양의 플라스틱 용기를 넣고
제빙기를 운영하면 절전 효과와 더불어
양질의 얼음을 사용할 수 있습니다.
용기의 크기만큼 얼음 생산이 적게 됩니다.

빈 용기

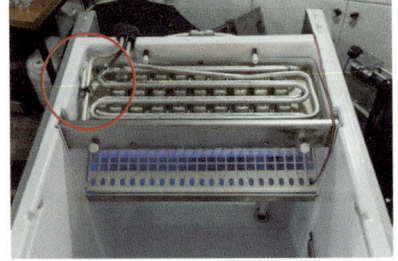

냉각기에는 에버 센서가 붙어 있어
온도를 감지하는 역할을 합니다.

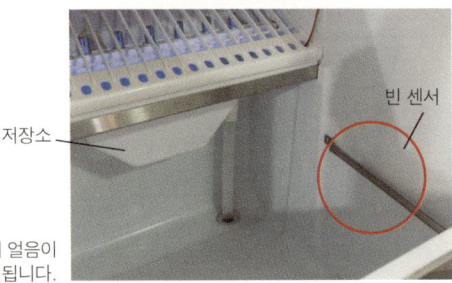

물 저장소

빈 센서

스텐봉(빈 센서)에 얼음이
닿으면 제조가 중지됩니다.

제빙기 · 그라인더   151

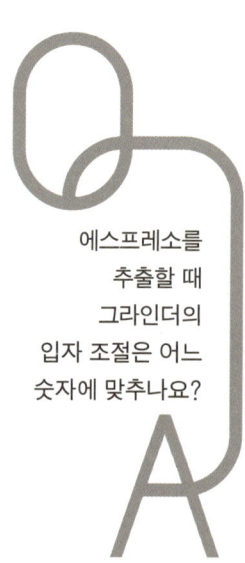

Q 에스프레소를 추출할 때 그라인더의 입자 조절은 어느 숫자에 맞추나요?

A 정답은 숫자에 있지 않습니다. 입자 조절 시 숫자를 참고로 해서 조정하는 것이 기준점을 정할 때 편리할 뿐입니다.

에피소드이지만 필자가 모 대기업 커피 CF 촬영을 도울 때의 일입니다. 필자의 머신과 그라인더를 이용해 감독이 원하는 샷의 굵기대로 내리는 데 2시간이 걸렸습니다. 필자는 그라인더에 표시된 숫자에 따라서 분쇄 입자의 크기를 조정한 게 아니라, 숫자는 전혀 보지 않고 필자의 경험에 의존하여 기준점을 찾아 촬영을 마쳤습니다. 결론적으로 다시 말하면, 숫자는 참고 사항일 뿐입니다.

입자 조정은 커피의 종류, 로스팅의 정도, 날씨 등 다양한 환경에 따라 바리스타의 동물적 감각으로 조정하는 것이 정답일 것입니다. 물론 초보자의 경우 그라인더 숫자를 참고삼아, 경험을 축적해야겠지요.

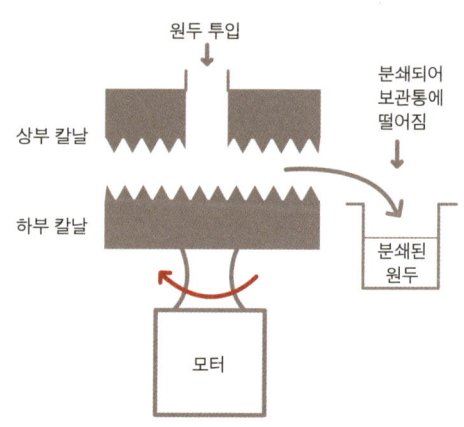

그라인더의 원리를 알고 싶어요.

그라인더는 우리 조상들이 사용한 맷돌의 원리와 같습니다. 맷돌은 곡식을 가는 데 쓰였던 기구인데, 둥글고 넓적한 돌 두 짝을 위아래로 포개고 윗돌에 뚫린 구멍으로 곡식을 넣으면서 손잡이를 돌려서 갈아 내는 구조입니다.

그라인더 역시 이런 구조입니다. 돌 대신에 금속으로 만든 날이 그 역할을 대신한다고 원리를 이해하시면 됩니다. 그라인더에 있는 2개의 날 사이에 원두가 들어가서 분쇄가 되는 것입니다. 일반적으로 윗날을 올리고 내려 날의 간격을 조정하는 방식으로 분쇄도를 조정합니다. 그라인더는 지름 64mm, 75mm가 많이 쓰입니다. 규모에 따라서 선택하면 되는데, 규모가 큰 매장에서는 75mm가 주로 쓰입니다.

TV 예능 프로그램에서 커피콩을 맷돌에 갈아서 드립 커피를 마시는 장면이 방송된 적도 있습니다. 그렇지만 맷돌로 분쇄하면 분쇄도에 차이가 나고, 아무래도 커피 맛을 제대로 내기는 어려울 겁니다.

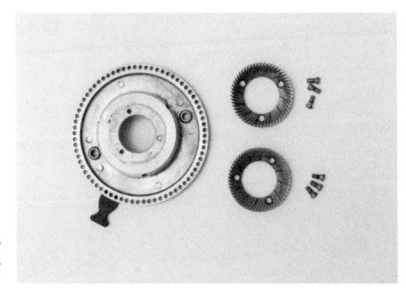

회전 조절 캡(왼쪽)과
상부 하부의 날

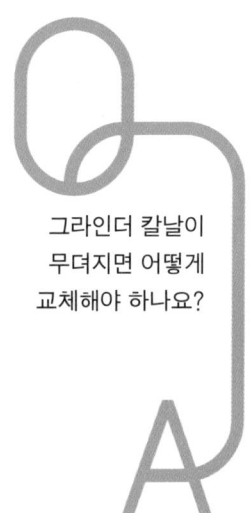

그라인더 칼날이 무뎌지면 어떻게 교체해야 하나요?

우리가 음식을 할 때 파를 써는 것을 상상해 봅시다. 칼날이 무뎌도 파는 썰리긴 합니다. 다만 파가 무디게 썰리고 으깨져서 파 본연의 맛을 잃게 됩니다. 원두도 마찬가지입니다. 분쇄가 되기는 하지만 날이 무디면 미분이 많이 발생하고, 분쇄되면서 열이 많이 발생하여 커피 자체의 성분에 손실이 많이 생깁니다. 가끔 그라인더를 분해하여, 손가락으로 날을 만져 보아 날이 무디게 느껴지면 교체하기를 권합니다.

칼날을 교체하는 방법은 간단합니다.

1단계_호퍼를 분리합니다.
2단계_입자 조절 버튼을 누르고 원형 조절 캡을 굵게 조정하는 방향으로 분리될 때까지 돌려 빼냅니다. 청소기를 이용해 내부에 있는 커피 찌꺼기를 제거합니다. 커피 찌꺼기가 그대로 있는 상태에서 볼트를 돌리면 볼트가 손상될 수도 있습니다.
3단계_윗날을 분리합니다. 볼트 3개를 분리하면 윗날을 빼낼 수 있습니다.
4단계_이어서 아랫날을 분리합니다. 마찬가지로 볼트 3개를 분리하면 아랫날을 빼낼 수 있습니다.
5단계_분리해 놓은 날을 따뜻한 물에 넣고 주방용 세제를 이용해 깨끗하게 닦아냅니다. 칼날을 재조립하기 전에 헤어드라이어를 이용해 칼날의 물기를 완전히 뽀송뽀송하게 말려 주어야 합니다.
6단계_혹시 이물질 등이 끼어 있으면 부드러운

솔을 이용해 마무리 청소를 해 줍니다.

7단계_볼트를 정확하게 끼우고 조여야 합니다. 볼트를 잘못 결합하면 빠지는 경우도 있습니다.

8단계_분쇄도 조절 캡을 살펴서 나사산에 이물질이 있으면 모두 털어내야 합니다. 나사산에 커피 가루가 눌러 붙어 캡이 뻑뻑해져 제대로 끼워지지 않는 경우가 있습니다.

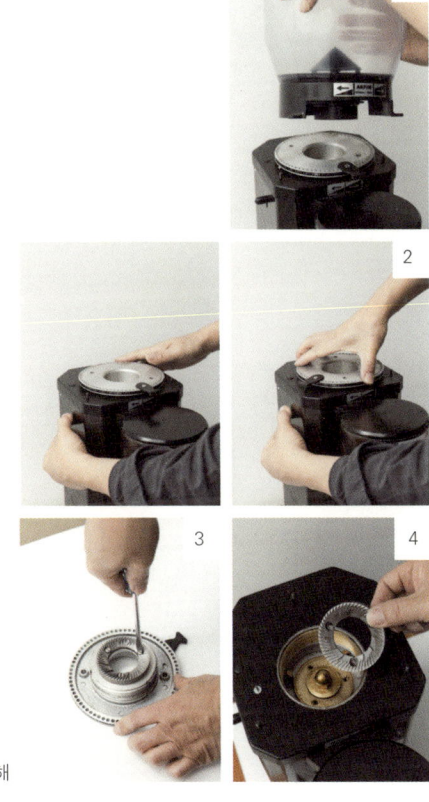

안핌 그라인더의 칼날 분해

그라인더 전원이 전혀 들어오지 않아요.

　전원 스위치에 이상이 있으면 전원이 들어오지 않습니다. 전원 스위치는 그라인더 하부를 열어서 교체합니다. 그라인더 종류에 따라 다르기는 하지만, 사고를 방지하기 위한 안전 스위치가 추가로 있는 경우도 있습니다. 안전 스위치가 있으면, 안전 스위치 불량 여부를 먼저 확인한 후에 전원 스위치를 수리하거나 교체해야 합니다. 안전 스위치는 도저 내부의 분쇄 원두가 나오는 부위에 있는 경우와 호퍼통을 끼울 때 안전 스위치가 작동되어 전원을 제어하는 방식 등이 있습니다.

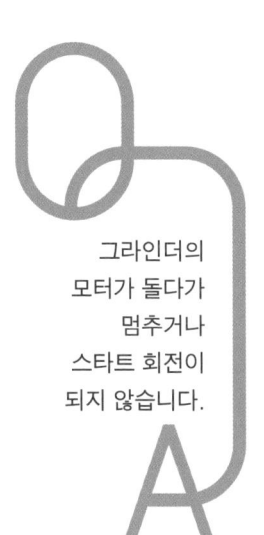

그라인더의 모터가 돌다가 멈추거나 스타트 회전이 되지 않습니다.

이런 경우 모터 콘덴서 이상일 확률이 높습니다. 모터 콘덴서는 모터 권선의 위상을 바꾸게 하여 회전 토크를 갖게 하는데, 모터 콘덴서가 불량이면 모터가 돌지 못하고 약간의 흔들림만이 느껴집니다. 이럴 때는 모터 콘덴서를 교체해야 합니다. 모터 콘덴서는 기동 콘덴서로도 불리며 극성 없이 단자를 끼워도 됩니다.

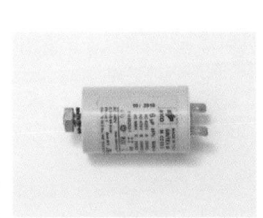

기동 콘덴서(왼쪽)는 모터가 초기 회전력을 얻게 해 줍니다.

03 부록
커피 상식

　커피는 인류의 역사와 함께해 온 음료이자 문화입니다. 커피는 그 오랜 역사만큼이나 재미있는 이야깃거리가 많고, 우리의 일상생활 속에 녹아들어 있습니다. 커피를 사랑하고 계속 연구하면 맛있는 커피를 제조하는 데 도움이 될 것입니다. 여기에 수록하는 '커피 상식'은 커피에 관련된 많은 용어들 중에서 간추린 그야말로 꼭 알아야 할 '상식'입니다. '알면 보이고, 보이면 사랑하게 되며, 그때 보이는 것은 전과 같지 않다'고 했습니다. 커피 머신과 관련된 기초 용어는 물론이고, 커피 제조, 커피의 향미, 다양한 커피 음료, 생두와 로스팅 관련 용어들 중에서 카페 현장에서 꼭 알아야 할 용어들을 선별해서 간단하게 수록했습니다.

바리스타

바리스타(Barista) - 바(Bar) 안에서 커피를 전문적으로 추출하는 사람
그라인딩(Grinding) - 커피를 분쇄하는 작업
도징(Dosing) - 분쇄된 커피를 포터 필터에 담는 작업
업도징(Up Dosing) - 필터 바스켓에 정해진 커피 도징 양보다 더 많은 양을 도징하는 작업
태핑(Tapping) - 레벨링 전 도징된 커피를 다져 주는 작업
레벨링(Leveling) - 포터 필터에 담긴 분쇄된 커피를 퍼뜨려 주는 작업
채널링(Channeling) - 에스프레소 추출 시 편중된 추출 현상
탬핑(Tampping) - 포터 필터에 담긴 분쇄된 커피를 다져서 밀도를 만들어 주는 작업
커피 케이크(Coffee Cake) - 포터 필터 안의 패킹((Packing)된 커피 가루의 모양을 의미
우유 스티밍(Milk Steaming) - 우유에 커피 머신 증기압을 가해 가열해 주는 작업
공기 주입(Insertion of Air) - 스티밍 작업 중 우유에 공기를 넣어 거품을 생성시키는 작업
혼합(Mix) - 스티밍 작업 중 생성된 거품과 우유를 섞어 부드러운 거품으로 만드는 작업
롤링(Rolling) - 스티밍 작업 중 혼합이 잘되도록 우유에 회전을 주는 작업
벨벳 밀크(Velvet Milk) - 질감이 벨벳 같은 느낌의 우유 거품을 의미
크레마 - 커피의 오일 성분, 즉 불포화지방이 공기와 산화되면서 생기는 에스프레소의 갈색 거품 층
안정화(Stabilization) - 라떼아트를 할 때 우유와 에스프레소를 섞어 주는 작업
푸어링(Pouring) - 안정화 후에 스팀 우유를 부어 주는 작업
라떼아트(Latte Art) - 커피의 예술. 카페 라떼 표면에 그림을 그리는 작업
유속(Velocity of Flow) - 액체의 흐름을 이용하는 라떼아트 푸어링 기술
핸들링(Handling) - 스팀 피처의 물줄기를 흔들어 주는 라떼아트 푸어링 기술

바리스타 도구

도징 툴 - 레벨링을 편하게 할 수 있는 도구
도징링(Dosing Ring) - 도징 시 그라인딩 된 커피 가루를 흘리지 않도록 하는 도구
탬퍼(Tamper) - 탬핑을 하기 위해 사용하는 도구
핸들리스 탬퍼(Handless Tamper) - 핸들(손잡이)이 없는 탬퍼
탬핑 매트(Tamping Mat) - 탬핑 시 포터 필터와 탬퍼를 올려놓을 수 있는 매트
스팀 피처(Steam Pitcher) - 스티밍을 하기 위해 우유를 담아 두는 용기
에칭 펜(Etching Pen) - 라떼아트 시 그림을 그리기 위해 사용하는 송곳
데미타세(demitasse) - 에스프레소 잔
샷 글라스(Shot Glass) - 잔 안에 에스프레소 추출 용량이 표시된 글라스

넉 박스(Knock Box) - 추출한 커피 케이크를 버리는 통

에스프레소 머신

그룹 헤드(Group Head) - 포터 필터가 장착되는 곳
그룹 헤드 개스킷(Group Head Gasket) - 그룹 헤드와 포터 필터를 결합해 주는 고무 개스킷
디퓨저(Diffuser) - 그룹 헤드에 붙어 있는 물이 나오는 곳
샤워 스크린(Shower Screen) - 디퓨저에서 나오는 물을 샤워기처럼 분사시켜 주는 곳
포터 필터(Porta Filter) - 에스프레소 머신 명칭 중 분쇄된 커피를 담는 도구
포터 필터 스파우트(Porta Filter Spout) - 포터 필터의 일부로 에스프레소가 추출되는 입구
필터 바스켓(Filter Basket) - 포터 필터 안의 커피가 담기는 곳
블라인드 필터(Blind Filter) - 에스프레소 머신을 청소할 때 사용되는 구멍이 없는 필터
스팀 노즐(Steam Nozzle) - 에스프레소 머신의 증기압이 나오는 노즐
스팀 팁(Steam Tip) - 스팀 증기압을 분사시켜 주는 스팀 노즐 끝부분의 팁
온수 노즐(Hot Water Nozzle) - 에스프레소 머신의 보일러 온수가 나오는 노즐
드립 트레이(Drip Tray) - 에스프레소 머신의 물받이
컵 워머(Cup Warmer) - 에스프레소 머신의 컵을 예열해 주는 상판
연속 추출 버튼(Continuous Extraction Button) - 그룹 헤드의 추출수가 멈추지 않고
  계속 나오도록 설정된 버튼
자동 추출 버튼(Automatic Extraction Button) - 그룹 헤드의 추출수가 설정한 용량만큼
  만 나오도록 세팅할 수 있는 버튼
압력 게이지(Pressure Gauge) - 에스프레소 머신의 추출 압력을 표시해 주는 게이지
스팀 게이지(Steam Gauge) - 에스프레소 머신의 스팀 압력을 표시해 주는 게이지
에스프레소 머신 보일러(Boiler) - 에스프레소 머신 내부의 가열되는 보일러 탱크
열교환기(Heat Exchanger) - 에스프레소 머신 추출수를 적정 온도의 추출수로 변환시
  켜 주는 장치
솔레노이드 벨브(Solenoid Valve) - 에스프레소 머신 내부의 물 공급을 유입, 차단하는 장치
플로 미터(Flow Meter) - 에스프레소 머신 내부의 물 양을 조절하는 장치
펌프 모터(Pump Moter) - 에스프레소 머신 내부의 추출 압력을 조절하는 모터
수동 머신(Lever Espresso Machine) - 피스톤 형태의 에스프레소 머신
반자동 머신(Semi Automatique Espresso Machine) - 바리스타의 기술이 필요한 머신
완전 자동 머신(Automatic Espresso Machine) - 바리스타 기술이 필요 없는 머신

그라인더

자동 그라인더(On Demand Grinders) – 작동 시간 세팅 등 다양한 설정 기능이 가능한 그라인더
반자동 그라인더(Doser Grinders) – 세팅 기능이 없는 도저 챔버가 달려 있는 그라인더
호퍼(Hopper) – 그라인더 원두를 담는 통
도저 챔버(Doser Chamber) – 반자동 그라인더에 붙어 있는 그라인딩된 커피가 담기는 통
도저리스(Doserlerss) – 도저가 없는 그라인더
도저 레버(Doser Lever) – 도저 챔버의 손잡이
분쇄 디스크(Grinding Disk) – 커피 분쇄 입자를 조절하는 디스크
플랫 버(Flat Burr) – 링 형태의 그라인더 날
코니컬 버(Conical Burr) – 원뿔 형태의 그라인더 날

추출 도구

리브(Rib) – 드리퍼 안의 갈비뼈 같은 선
드리퍼(Dirpper) – 여과지를 받쳐 주는 도구
서버(Server) – 추출된 커피가 담기는 도구
드립 포트(Drip Pot) – 핸드 드립 시 사용하는 주전자
종이 필터(Paper Filter) – 종이 소재로 된 여과 방식
메탈 필터(Metal Filter) – 메탈 소재로 된 여과 방식
융 필터(Nel Filter) – 융 소재로 된 여과지
멜리타(Melitta) – 구멍이 작은 추출구가 1개인 드리퍼
칼리타(Kalita) – 구멍이 작은 추출구가 3개인 드리퍼
하리오(Hario) – 큰 추출구가 1개, 리브가 소용돌이 모양인 드리퍼
고노(Kono) – 큰 추출구가 1개, 리브가 짧은 드리퍼
핀 커피(Pin Coffee) – 베트남에서 주로 사용하는 커피 추출 도구
이브릭(Ibrik) – 필터링이 따로 없고, 물과 커피를 끓여 가면서 사용하는 터키 식 커피 추출 도구
에어로 프레스(Aero Press) – 주사기 원리로 커피를 추출하는 도구
사이폰(Syphon) – 물이 끓는 증기압을 이용해 커피를 추출하는 도구
케멕스(Chemex) – 와인 디캔터와 같은 구조로 커피 향을 보관해 주기에 유리한 도구
클레버(Clever) – 침출 여과식 방법으로 서버에 올려놓으면 추출이 되는 도구
디셈버(December) – 추출이 되는 구멍 개수를 조절하여 추출 속도를 조절할 수 있는 도구
프렌치 프레스(French Press) – 커피 추출, 티 포트, 우유 거품기로도 다양하게 사용되는 도구
에바 솔로(Eva solo) – 프렌치 프레스보다 온도 유지가 잘되는 침출식 추출 도구

모카 포트(Moka Pot) - 가정에서 쓰이며, 증기압을 이용해 에스프레소 같은 커피를 추출하는 도구
더치 커피(Dutch Coffee) - 차가운 물로 추출하는 커피 = 콜드 브루(Cold Brew)

기타·카페 장비

온수 디스펜서(Hot Water Dispenser) - 온수 온도를 조정할 수 있는 온수기
블렌더(Blender) - 스무디 같은 음료를 제조할 때 사용하는 믹서기
제빙기(Ice Maker) - 얼음이 만들어지는 기계

커피 추출

브루잉(Brewing) - 커피를 추출하는 모든 방법을 의미
뜸들이기(Beforehand Wet) - 커피 추출 시 추출이 원활히 되도록 커피를 적셔 두는 작업
밸런스(Balance) - 단맛, 쓴맛, 신맛 3가지 맛의 균형
정상 추출(Balance Extraction) - 커피 성분 18~22%가 추출된 커피
과소 추출(Under Extraction) - 커피 성분 18% 미만으로 추출된 커피
과다 추출(Over Extraction) - 커피 성분 22% 초과로 추출된 커피
추출수율(Extraction Yield) - 추출된 커피에서 몇 % 커피 성분이 추출되었는지를 의미
강도(Strength) - 추출된 커피의 물과 커피 성분 비율을 의미
여과식(Filtration Method) - 중력의 힘으로 필터링하여 커피 성분을 추출하는 방식
침출식 -(Leaching Method) - 물 안에 커피를 넣고 우려서 커피 성분을 추출하는 방식

커피 향미

커핑(Cupping) - 커피 본연의 향미를 파악하고 품질을 평가하기 위해 하는 작업
커퍼(Cupper) - 커핑을 전문적으로 하는 직업
프래그런스(Fragrance) - 분쇄된 커피의 향을 맡는 작업
아로마(Aroma) - 분쇄된 커피 가루에 물을 부었을 때, 수증기를 타고 올라오는 향
브레이킹(Breaking) - 커핑 작업 시 커핑 스푼을 이용해 거품 층을 깨 주며 향을 맡는 작업
스키밍(Skimming) - 커핑 작업 중 슬러핑 전에 하는 작업으로 커피 표면의 부유물을 걷어 주는 작업
슬러핑(Slupping) - 커핑 작업의 마지막 단계로 커핑 스푼을 이용해 커피를 흡입하며 커피의 향미를 느끼는 작업
향미(Flavor) - 커피를 맛보았을 때 향과 맛을 표현하는 용어
신맛(Acidity) - 커피를 맛보았을 때 느껴지는 산미를 나타내는 용어

단맛(Sweetness) - 커피를 맛보았을 때 느껴지는 단맛을 나타내는 용어
쓴맛(Bitter) - 커피를 맛보았을 때 쓴맛을 나타내는 용어
바디(Body) - 커피를 맛보았을 때 향의 무게의 정도를 나타내는 용어
질감(Texture) - 커피를 맛보았을 때 느껴지는 입안의 질감을 나타내는 용어
클린 컵(Clean Cup) - 커피를 맛보았을 때 입안의 깨끗함의 정도를 나타내는 용어
여운(After Taste) - 커피를 맛본 뒤 느낌을 나타내는 용어

카페 음료

에스프레소(Espresso) - 에스프레소 머신 9기압의 강한 가압으로 추출한 커피 음료
에스프레소 콘파냐(Espresso Con Panna) - 휘핑 크림이 올라간 에스프레소
리스뜨레또(Ristretto) - 에스프레소 추출량을 적게, 15~20ml 추출한 에스프레소
룽고(Lungo) - 에스프레소 추출량을 많이, 40~50ml 추출한 에스프레소
도피오(Doppio) - 에스프레소 더블을 의미
아메리카노(Americano) - 에스프레소에 물을 희석해 부드럽게 즐길 수 있는 커피 음료
롱 블랙(Long black) - 아메리카노보다 진한 커피 향미를 느낄 수 있는 커피 음료
카푸치노(Cappuccino) - 우유 거품이 많은 커피 우유 음료
카페 라떼(Caffe Latte) - 우유 거품이 적고 우유가 많은 커피 우유 음료
플랫 화이트(Flat White) - 에스프레소의 비율이 많기 때문에 커피 맛이 강한 커피 우유 음료
카페오레(Cafe au Lait) - 드립 커피에 스팀 우유를 섞은 카페 라떼
핸드 드립(Hand Drip) - 브루잉 커피라고도 하며, 중력의 힘을 이용해 추출하는 커피
카페 모카(Cafe Mocha) - 초콜릿 베이스 시럽, 소스와 향미가 첨가된 커피 우유 음료
캐러멜 마끼아또(Caramel Macchiato) - 캐러멜 베이스 시럽, 소스와 향미가 첨가된 커피 우유 음료
스무디(Smoothie) - 블랜더를 이용해 다양한 재료를 섞어 갈아 만든 음료
에이드(Ade) - 여러 가지 재료를 탄산수와 섞어 만든 음료
비엔나 커피(Vienna Coffee) - 블랙 커피 위에 휘핑 크림이 올라간 커피 음료
아이리시 커피(Irish Coffee) - 커피에 아이리시 위스키가 들어간 커피 칵테일
니트로 커피(Nitro Coffee) - 콜드 브루에 질소를 주입해 부드러운 거품을 만든 커피 음료

로스팅

로스터(Roster) - 로스터기를 이용해 커피의 향을 만드는 사람들
1차 크랙(First Crack) - 커피 본연의 향을 발산하는 단계로, 팝콘이 터지는 타닥 소리가 나는 단계

휴지기(Quiescence) - 1차 크랙과 2차 크랙의 중간 단계로, 일반적으로 쓴 향이 생성되는 단계
2차 크랙(Second Crack) - 커피 오일이 나오는 단계로, 쓴 향이 주를 이루는 단계
투입 온도(Put Temperature) - 로스터기에 생두를 넣기 전 예열된 드럼의 온도를 의미
터닝 포인트(Turning Point) - 생두를 투입하고 드럼 안의 온도가 떨어지다가 다시 올라가는 시점을 의미
옐로우 단계(Yellow Phase) - 로스팅 도중 생두가 노랗게 변하는 단계
댐퍼(damper) - 드럼 안의 대류열을 조정하는 장치
쿨러(Cooler) - 배출 후 커피를 빠르게 냉각시켜 주는 장치
사이클론(Cyclone) - 로스팅 후 발생되는 체프를 빨아들이는 곳
체프(Chaff) - 로스팅 시 발생되는 생두 껍데기

커피 상식

아라비카(Arabica) - 고산 지대에서 자란 고품질의 커피 품종
로부스타(Robusta) - 인스턴트 커피에 많이 사용되는 커피 품종
커피 벨트(Coffee Belt) - 남위 25도에서 북위 25 사이로, 커피가 생산되는 국가들을 모아서 일컫는 말
싱글 오리진 커피(Single Origin Coffee) - 단일 지역에서 재배된 커피를 일컫는 말
커머셜 커피(Commercial Coffee) - 일반적인 등급의 커피
스페셜티 커피(Specialty Coffee) - 커핑 점수 80 이상의 커피 본연의 향미가 뚜렷한 색을 가진 스페셜한 커피
마이크로랏 커피(Micro Lot Coffee) - 커피 재배 농장에서 특별 관리된 소량의 특별한 커피
C.O.E(Cup Of Excellence) - 각 나라별 농장들끼리 경합을 통해 최상의 품질의 커피를 선발하는 프로그램
블렌딩(Blending) - 서로 다른 커피를 섞어서 밸런스 있는 커피를 만드는 작업
선 블렌딩(Green Bean Blending) - 로스팅 전 서로 다른 생두를 섞어서 로스팅 하는 작업
후 블렌딩(Roasting Bean Blending) - 서로 다르게 로스팅 된 원두커피를 섞어 주는 작업

창업 시 원두 선택 요령

신맛, 단맛, 쓴맛 등 커피의 맛은 다양합니다. 유명 인기 프랜차이즈 업체인 S사의 경우 쓴맛이 강조된 맛이지만 뒷맛이 깔끔하고 개운합니다. 수많은 취향을 가진 고객의 입맛을 맞추기 위해서는 어떻게 해야 할까요?

필자의 경험에 비추어 보면 맛의 기준에는 카페 주인의 취향이 크게 작용합니다. 그 취향이 대중의 맛을 사로잡는 것이라면 다행이지만 극히 편중된 고객층에게만 좋은 평가를 받는다면 많은 고객을 유치하기에는 한계가 따를 것입니다. 물론 고급 원두 즉, 스페셜티로 특수 고객층만을 타깃으로 하는 카페도 많습니다. 특성에 따라 아이스커피에 어울리는 원두와 뜨거운 커피에 어울리는 원두가 있고 마치 음악과도 같이 계절과 기온, 시간, 분위기에 따라 어우러지는 원두가 다를 것입니다.

필자의 경우 카페를 오픈하기 전 블라인드 테스트를 거쳐 원두를 선정해 본 경험이 있습니다. 되도록 많은 대중들을 대상으로 점수를 가점하게 하여 선정하는 방식이었는데, 결과적으로 많은 이들에게 사랑받는 원두로 주문도 꾸준히 늘었습니다. 카페를 오픈하기 전 발품을 많이 파는 것이 좋습니다. 성공한 카페들의 다양한 맛을 경험해 본 후 원두를 선택하는게 좋습니다. 카페 주인의 주관적인 맛보다는 고객이 선호하는 맛을 선택하는 것이 중요하기 때문입니다.

원두의 보관

아무리 좋은 원두도 시간의 흐름과 보관 조건에 따라 맛이 달라집니다. 신선하고 깔끔한 맛을 내려면 적당한 시간의 숙성을 거친 원두를 사용해야 합니다. 커피의 빠른 산패를 방지하려면 빛과 습기, 공기가 차단된 상태로 보관하는 것이 좋습니다. 일반적으로 커피 포장지에는 공기를 차단하며, 커피의 이산화탄소만을 배출하기 위한 아로마 밸브가 장치되어 있습니다.

블렌딩과 싱글 오리진의 의미

싱글 오리진은 원두의 단일 품종만을 선택해서 사용하는 방법입니다. 주로 핸드 드립에 많이 사용되며, 특별히 단일 품종의 향과 맛을 즐기기 위해 많이 이용됩니다. 블렌딩이란 원두마다의 특성을 살려서 여러 종류의 원두의 밸런스를 이용해 종합적인 맛을 내기 위한 방법입니다. 주로 에스프레소 머신에 이용하기 위해 사용됩니다. 블렌딩에 대중적으로 많이 사용되는 품종은 과테말라, 브라질, 예가체프, 콜롬비아 등이 대표적으로 많이 사용됩니다.

로스팅의 중요성

살짝 볶은 원두와 강하게 태운 원두의 맛은 어떨까요? 생두를 볶는 상태에 따라 수많은 맛의 변화를 가져오게 됩니다. 4가지의 블렌딩 원두의 경우 품종마다 별도로 로스팅해 섞는 방법과 생두를 미리 섞어 볶는 방법 또한 맛에 차이가 큽니다.

원두를 선택할 때 중요한 포인트는 지속적으로 같은 컨디션의 원두를 납품할 수 있는 업체를 선정하는 것입니다. 납품 시마다 배전도가 변화되거나 원두의 특성이 달라진다면, 고객의 클레임이 많이 발생할 수 있습니다. 어느 정도의 경력과 신뢰도가 있는 로스팅 회사를 선정해야 하는 이유입니다.

아라비카와 로부스타

커피 원두의 대표적 품종은 아라비카와 로부스타입니다. 아라비카는 6세기경 에티오피아에서 유래되었는데, 해발 1000m 이상의 고산 지대에서 자랍니다. 향미가 좋으며 신맛과 단맛의 특성이 강하고 로부스타에 비해 카페인이 적습니다. 아라비카는 로부스타에 비해 고급 품종으로 분류되며, 가격이 로부스타에 비해 비쌉니다. 아라비카는 30도 이상의 고온에서는 고사되며, 병충해에 약한 단점이 있습니다.

로부스타는 인도네시아, 우간다, 브라질, 베트남 등 주로 해발 700m 이하의 산지에서 자라며 병충해에 강합니다. 신맛보다는 쓴맛이 강조되고 주로 인스턴트 커피의 원료로 이용되며 아라비카에 비해 가격이 저렴합니다.

스페셜티 커피

미국스페셜티커피협회(SCAA)의 평점이 기준 이상으로 특별한 고급 커피를 말합니다. 즉 SCAA에서 커핑의 점수가 80점 이상이 되는 프레미엄급 이상의 수준 높은 커피를 말합니다. 스페셜티 커피에 대해 정확한 정의를 내리기는 쉽지 않습니다. 다양하게 생겨나는 스페셜티 전문점들에 대해 저마다의 기준을 설정한다는 것도 부담스러운 것이 현실입니다. 굳이 필자의 좁은 소견으로 정의하자면, 특별한 생두를 특별한 기준의 로스팅을 거쳐 정확한 맛을 구현할 수 있는 바리스타가 제대로 커핑을 한 것을 스페셜티 커피라고 정의하고 싶습니다. 아무리 좋은 생두라고 해도 지나치게 산미를 잃을 정도로 배전했다면 이미 스페셜한 커피로서의 가치가 상실된 것이고, 고품종의 원두라 할지라도 커핑에 있어서 의미 있는 맛을 구현하지 못하면 평범한 커피로 전락될 수도 있기 때문입니다.

커피 머신
COFFEE MACHINE
119

초판 1쇄 발행일 2017년 05월 15일
초판 2쇄 발행일 2021년 03월 10일

글	윤홍구
사진	포토룩(조영하)
디자인	윤지영
펴낸이	오창준
펴낸곳	컬처북스
인쇄	천광인쇄사
주소	경기도 파주시 회동길 445-5
전화	031-955-9336
팩스	031-955-9340
전자우편	culturebooks@hanmail.net
홈페이지	www.culturebooks.kr

출판등록   2003년 7월 14일   제 312-2003-000066호

ⓒ윤홍구, 2017   ISBN 978-89-92074-74-2   13590

※값은 뒤표지에 있습니다.

이 도서의 국립중앙도서관 출판예정도서목록(CIP)은 서지정보유통지원시스템 홈페이지
(http://seoji.nl.go.kr)와 국가자료공동목록시스템(http://www.nl.go.kr/kolisnet)에서
이용하실 수 있습니다. (CIP제어번호 : CIP2017011003)